信阳师范学院商学院 学术文库

河南省软科学研究计划项目（18
信阳师范学院青年骨干教师资

JIYU CAIWU KECHIXU ZENGZHANG DE
NONGYE SHANGSHI GONGSI RONGZI JIEGOU YANJIU

基于财务可持续增长的 农业上市公司融资结构研究

康 俊 ◎ 著

中国财经出版传媒集团
经济科学出版社
Economic Science Press

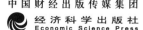

图书在版编目（CIP）数据

基于财务可持续增长的农业上市公司融资结构研究/
康俊著. —北京：经济科学出版社，2019.9
ISBN 978 - 7 - 5218 - 0959 - 6

Ⅰ. ①基…　Ⅱ. ①康…　Ⅲ. ①农业企业-上市公司-
融资结构-研究-中国　Ⅳ. ①F324

中国版本图书馆 CIP 数据核字（2019）第 204028 号

责任编辑：顾瑞兰
责任校对：郑淑艳
责任印制：邱　天

基于财务可持续增长的农业上市公司融资结构研究

康　俊　著

经济科学出版社出版、发行　新华书店经销
社址：北京市海淀区阜成路甲 28 号　邮编：100142
总编部电话：010-88191217　发行部电话：010-88191522
网址：www. esp. com. cn
电子邮件：esp@ esp. com. cn
天猫网店：经济科学出版社旗舰店
网址：http://jjkxcbs. tmall. com
北京财经印刷厂印装
710×1000　16 开　10.75 印张　180000 字
2019 年 9 月第 1 版　2019 年 9 月第 1 次印刷
ISBN 978 - 7 - 5218 - 0959 - 6　定价：56.00 元
（图书出现印装问题，本社负责调换。电话：010 - 88191510）
（版权所有　侵权必究　打击盗版　举报热线：010 - 88191661
QQ：2242791300　营销中心电话：010 - 88191537
电子邮箱：dbts@ esp. com. cn）

总　序

　　商学院作为我校 2016 年成立的院系，已经表现出了良好的发展潜力和势头，令人欣慰、令人振奋。办学定位准确，发展思路清晰，尤其在教学科研和学科建设上成效显著，此次在郑云院长的倡导下，拟特别资助出版的《信阳师范学院商学院学术文库》，值得庆贺，值得期待！

　　商学院始于我校 1993 年的经济管理学科建设。从最初的经济系到 2001 年的经济管理学院、2012 年的经济与工商管理学院，发展为 2016 年组建的商学院，筚路蓝缕、栉风沐雨，凝结着教职员工的心血与汗水，昭示着商学院瑰丽的明天和灿烂的未来。商学院目前拥有河南省教育厅人文社科重点研究基地——大别山区经济社会发展研究中心、理论经济学一级学科硕士学位授权点、工商管理一级学科硕士学位授权点、理论经济学河南省重点学科、应用经济学河南省重点学科、理论经济学校级博士点培育学科、经济学河南省特色专业、会计学河南省专业综合改革试点等众多科研平台与教学质量工程，教学质量过硬，科研实力厚实，学科特色鲜明，培养出了一批适应社会发展需要的优秀人才。

　　美国是世界近现代商科高等教育的发祥地，宾夕法利亚大学沃顿于 1881 年创建的商学院是世界上第一所商学院，我国复旦公学创立后在 1917 年开设了商科。改革开放后，我国大学的商学院雨后春笋般成立，取得了可喜的研究成果，但与国外相比，还存在明显不足。我校商学院无论是与国外大学相比还是与国内大学相比，都是"小学生"，还处于起步发展阶段。《信阳师范学院商学院学术文库》是起点，是开始，前方有更长的路需要我们一起走过，未来有更多的目标需要我们一道实现。希望商学院因势而谋、应势而动、顺势而为，进一步牢固树立"学术兴院、科研强院"的奋斗目标，走内涵式发展之路，形成一系列有影响力的研究成果，在省内高校起带头示范作用；进一步推出学术精品、打造学术团队、凝练学术方向、培育学术特色、发挥学术优势，尤其是培养一批仍处于"成长期"的中青年学术骨干，持续提升学院发展后劲并更好服务地方社会，为我校实现高质量、内涵式、跨越式发展，建设更加开放、充满活力、勇于创新的高水平师范大学的宏伟蓝图贡献力量！

"吾心信其可行，则移山填海之难，终有成功之日；吾心信其不可行，则反掌折枝之易，亦无收效之期也。"习近平总书记指出，创新之道，唯在得人。得人之要，必广其途以储之。我们希望商学院加快形成有利于人才成长的培养机制、有利于人尽其才的使用机制、有利于竞相成长各展其能的激励机制、有利于各类人才脱颖而出的竞争机制，培植好人才成长的沃土，让人才根系更加发达，一茬接一茬茁壮成长。《信阳师范学院商学院学术文库》是一个美好的开始，更多的人才加入其中，必将根深叶茂、硕果累累！

让我们共同期待！

前　言

　　农业是人类社会的衣食之源和生存之本，是国民经济中最基本的物质生产部门，是支撑整个国民经济不断发展和进步的保障，农业的发展对维护社会稳定和促进经济发展具有非常重要的作用。农业上市公司作为农业产业先进生产力的代表，是推进农业产业化进程的主力军，在带动农业经济发展、增加农民收入、促进农业科技进步、加快农业现代化、有效解决"三农"问题、推动新农村建设等方面发挥了重要作用。如何进行有效融资、如何优化融资结构已成为农业上市公司财务管理中的重要问题，农业上市公司有效融资的最终目标是实现企业价值最大化，而企业价值最大化的直接体现就是企业财务业绩的增长。从财务角度来看，农业上市公司增长太快或者增长太慢都不利于其长远发展，只有采取增长速度与财务资源相协调的增长方式，即财务可持续增长方式，才能实现其可持续发展。农业上市公司为保持财务可持续增长必然需要资金的支持，财务可持续增长正是以融资所产生的财务资源为基础的，没有充足的资金，农业上市公司不可能实现财务可持续增长，农业上市公司财务可持续增长与融资之间有着必然的联系。随着资本市场的发展与完善，我国农业上市公司财务资源的取得涵盖了留存收益、商业信用、短期借款、长期借款、发行股票和发行债券等多种融资方式，不同融资方式会对农业上市公司增长业绩产生不同的影响，农业上市公司融资策略的制定应当充分考虑到企业财务可持续增长的要求。

　　以往学术界的研究大多集中在对融资结构问题或者财务可持续增长问题的单项研究上，缺乏将两者结合起来的研究，将财务可持续增长问题与融资结构问题结合起来的实证研究就更少。本书在借鉴国内外相关研究成果的基础上，以农业上市公司为研究对象，将财务可持续增长问题与融资结构问题结合起来，从财务可持续增长的视角对我国农业上市公司的融资结构进行研究，揭示不同融资方式与财务增长之间的内在联系，探讨如何从财务可持续增长的角度进行融资渠道的选择和融资结构的优化，并提出财务可持续增长目标下农业上市公司融资结构优化策略，为农业上市公司融资策略的制定提供依据。

首先，本书分别对国内外关于企业增长理论、财务可持续增长模型、财务可持续增长影响因素、融资结构理论、融资结构特征和影响因素、财务可持续增长与融资关系的相关文献进行梳理，归纳和总结了前人的研究成果。本书阐述了财务可持续增长、融资、融资结构的概念，介绍了四种经典的财务可持续增长模型，并指出本书采用罗伯特·希金斯（Robert C. Higgins）的财务可持续增长模型，介绍了融资结构的相关理论，通过分析财务可持续增长与融资之间的内在联系，提出了基于财务可持续增长的融资目标，并分析了财务可持续增长模型中的融资理念。

其次，本书选取 2014 年 12 月 31 日之前在沪深证券交易所上市的 A 股农业上市公司为研究样本，利用样本公司 2014～2018 年的相关财务数据开展实证分析。本书采用描述性统计分析的方法对样本公司的融资结构状况进行分析；建立指标体系采用因子分析法对样本公司经营绩效状况进行分析；采用威尔科克森符号秩检验法检验我国农业上市公司是否实现了财务可持续增长、是增长过度还是增长不足；采用多元回归分析的方法对我国农业上市公司营业收入增长与不同融资方式之间的关系进行实证分析。通过实证分析得出以下结论。

（1）在农业上市公司资金来源中，股权融资率最大，其次是资产负债率，内源融资率最小，其中，股权融资率略高于资产负债率；农业上市公司内源融资以留存收益为主；债务融资是以流动负债为主，非流动负债所占比重较小；在债务融资来源中，短期借款融资最多，其次是其他债务融资，然后是商业信用融资，接着是长期借款融资，最后是债券融资；农业上市公司各年流通股比例远超过非流通股比例，股权结构以流通股为主，大部分农业上市公司国有股和法人股所占比重较低，总体来看，法人股所占比重要高于国有股所占比重；农业上市公司第一大股东持股比例均值在35%左右，前三大股东持股比例均值近45%，前五大股东持股比例均值近50%，反映农业上市公司股权比较集中。

（2）农业上市公司盈利能力、偿债能力、营运能力、发展能力和现金流量能力因子得分总体偏低，农业上市公司综合绩效得分普遍偏低，农业上市公司整体盈利能力、偿债能力、营运能力、发展能力和现金流量能力仍有待提高，农业上市公司整体经营绩效有待提高。提出农业上市公司应全面协调发展各单项能力，加强现金流量管理，加强技术与产品创新，以提高竞争优势。

（3）2014～2018年，样本公司实际增长率的分布是正态的，可持续增长率不服从正态分布；样本公司实际增长率和可持续增长率之间有显著性差异，即样本公司没有实现财务可持续增长；2014～2018年，农业上市公司总体实际增长较快。

（4）超高增长农业上市公司内源融资率增量、流动负债融资率增量和非流动负债融资率增量与营业收入增长率呈显著正相关关系，其中，内源融资率增量对营业收入增长有最大的促进作用，其次是非流动负债融资率增量，然后是流动负债融资率增量，股权融资率增量和公司规模对营业收入增长的影响不显著；超低增长农业上市公司内源融资率增量对营业收入增长有显著的促进作用，股权融资率增量与营业收入增长率显著负相关，流动负债融资率增量、非流动负债融资率增量和公司规模对营业收入增长的影响不显著。

最后，基于理论分析和实证研究结果，提出财务可持续增长目标下农业上市公司融资结构优化策略，主要有树立财务可持续增长的融资理念，以内源融资为基础、外源融资作补充，提倡外源融资中"债务优先"的理念，保持财务可持续增长与风险控制相结合，合理安排流动负债和非流动负债的比例，形成适度集中的股权结构。

康　俊

2019 年 7 月

目　录

第1章

导　论

1.1　选题背景、研究目的及意义

1.1.1　选题背景

农业是我们人类赖以生存和发展最根本、最基础的产业，是整个国民经济的基础，是我国经济发展的坚实砥柱。农业在国民经济中的基础性地位和作用，主要表现在：农业是人类社会的衣食之源和生存之本；农业是工业等其他物质生产部门与一切非物质生产部门存在和发展的必要条件；农业是支撑整个国民经济不断发展和进步的保障。农业的基础地位是否牢固，关系到人民的切身利益、社会的安定和整个国民经济的稳定发展，也是关系到我国在国际竞争中能否保持独立自主地位的重大问题。农业不仅为市场创造巨大需求和提供生产要素，而且为市场提供重要产品，农业的发展对维护社会稳定和促进经济发展具有非常重要的作用。农业上市公司作为农业产业先进生产力的代表，是推进农业产业化进程的主力军，在带动农业经济发展、增加农民收入、促进农业科技进步、加快农业现代化、有效解决"三农"问题、推动新农村建设等方面发挥了重要作用。

随着企业规模的不断壮大，企业的资金需求也会不断增加，如果农业上市公司遭遇资金瓶颈，无力扩张企业规模，势必会影响其持续稳定的发展。农业上市公司需要丰富的财务资源为企业的可持续发展保驾护航，完全依靠内部积累资金走内源融资之路已经难以满足农业上市公司经营发展的需要，必须借助外源融资来弥补其资金缺口，而过度依靠外源债务融资必定会导致其财务风险的增加，过于依靠外源股权融资又会引起其资金成本的上升，此时，融资管理就成为农业上市公司应特别关注的问题。在国家当前积极推行农业供给侧改革背景下，如何进行有效融资、如何优化融资结构已成为农业上市公司财务管理中的重要问题。农业上市公司有效融资的最终目标是实现企业价值最大化，而企业价值最大化的直接体现就是企业财务业绩的增长。企业以发展求生存，增长是一个企业本能的需求。从财务角度来看，一方面，快速的增长不总是一件好事，随着企业生产、销售的增长会引起对资金增长的需要，如果企业不顾一切地追求高速的增长，不考虑财务资源的限制，往往会使企业陷入财务危机，阻碍其进一步发展，甚至导致其破产。另一方面，增长太慢也不是一件好事，如果企业没有意识到缓慢增长的财务意义，没有充分有效利用现实经营效率和财务政策下所产生的资金，错失良好的发展机会，很容易丧失市场竞争力，其最终将被市场所淘汰。从财务角度来看，农业上市公司增长太快或者增长太慢都不利于其长远发展，只有采取增长速度与财务资源相协调的增长方式，即财务可持续增长方式，才能实现其可持续发展。

农业上市公司为保持财务可持续增长必然需要资金的支持，财务可持续增长正是以融资所产生的财务资源为基础的，没有充足的资金，农业上市公司不可能实现财务可持续增长，农业上市公司财务可持续增长与融资之间有着必然的联系，融资策略的制定应当充分考虑到企业财务可持续增长的要求，农业上市公司只有保持合理的融资结构才能实现其财务可持续增长。所以，农业上市公司的财务可持续增长能力与其融资能力、融资结构密切相关，我们有必要将财务可持续增长和融资结构问题结合起来进行研究，揭示不同融资方式与财务增长之间的内在联系，探讨农业上市公司如何优化融资结构以实现其财务可持续增长。

1.1.2 研究目的

面对日益激烈的市场竞争，农业上市公司如何采取有利的财务管理策略以保持财务可持续增长是其发展中的重要课题。可以说，能否保持财务可持续增长，不仅影响到农业上市公司当前的生存，而且关系到农业上市公司未来的持续稳定发展。农业上市公司为保持财务可持续增长必然需要资金的支持，财务可持续增长正是以融资所产生的财务资源为基础的，农业上市公司融资策略的制定（包括融资方式、融资数量及融资结构的合理性等）应当充分考虑到企业财务可持续增长的要求，如何通过合理的融资策略融通到农业上市公司可持续增长所必需的财务资源是农业上市公司需要考虑的重要问题。随着资本市场的发展与完善，我国农业上市公司财务资源的取得涵盖了留存收益、商业信用、短期借款、长期借款、发行股票和发行债券等多种融资方式，不同融资方式对农业上市公司增长业绩会产生不同的影响，研究我国农业上市公司不同融资方式对财务增长的影响具有深远的意义。

农业上市公司融资结构现状如何？其融资结构具有哪些特点？农业上市公司的财务增长现况如何？农业上市公司是否保持了财务可持续增长？影响农业上市公司财务可持续增长的主要因素是什么？农业上市公司如何采取有利的财务管理策略以保持财务可持续增长？目前我国农业上市公司的财务增长与不同融资方式之间的关系如何？内源融资、流动负债、非流动负债和股票融资等不同融资方式对农业上市公司财务增长分别有何影响？农业上市公司如何优化融资结构以实现财务可持续增长？基于这些考虑，本书试图根据我国农业上市公司的实际情况，通过实证研究的方法来分析我国农业上市公司融资结构现状、经营绩效状况、可持续增长状况以及不同融资方式与农业上市公司财务增长之间的关系，探讨如何从财务可持续增长的角度进行融资渠道的选择和融资结构的优化，为农业上市公司融资策略的制定提供依据。

1.1.3 研究意义

1.1.3.1 理论意义

企业的财务可持续增长能力是企业适应市场竞争、永葆活力的关键，企业的增长离不开资金的支持，企业的财务可持续增长正是以融资所产生的财务资源为基础，企业的财务可持续增长能力与企业的融资能力、融资结构密切相关。本书将企业财务可持续增长问题和融资结构问题结合起来进行研究，寻找两者之间的内在联系，提出基于财务可持续增长的融资目标，要求企业在制定融资策略时，要在企业增长速度与财务资源相适应的前提下，合理选择融资方式，适时调整融资结构，以使企业的实际增长率能够保持持续，从而实现企业的财务可持续增长。本书研究可以深化对企业财务可持续增长问题和融资结构问题的研究，可以丰富现有的财务可持续增长理论和融资结构理论，促进企业财务可持续增长理论和融资结构理论体系的进一步完善。目前，我国学者对融资与财务增长两者关系的研究多停留在理论阐述上，采用实证分析的方法对不同融资方式与财务增长之间的关系进行的研究还不多，本书采用实证研究的方法来分析我国农业上市公司融资结构现状、经营绩效状况、可持续增长状况以及不同融资方式与农业上市公司财务增长之间的关系，可以填补现有研究领域的不足，丰富现有的研究内容。本书既从理论上分析财务可持续增长和融资结构之间的内在联系，又利用实证方法对不同融资方式与财务增长之间的关系进行分析，探讨如何从财务可持续增长的角度进行融资渠道的选择和融资结构的优化，并提出财务可持续增长目标下农业上市公司融资结构优化策略，可以为农业上市公司的融资决策提供理论依据。

1.1.3.2　实践意义

在竞争日趋激烈的市场环境下，农业上市公司如何提高财务可持续增长能力是比改善短期经营业绩更亟待解决的问题，财务可持续增长是农业上市公司实现可持续发展的重要保证。在现实生活中，坐失增长良机或者片面追求高速增长的企业有很多，这些企业没有认识到财务资源对其增长的制约作用，没有保持财务资源与增长速度之间的协调平衡，忽视了可持续增长与融资之间的内在联系。本书将企业的融资目标定位于财务可持续增长，从财务可持续增长的视角来研究农业上市公司融资结构问题，分别对我国农业上市公司融资结构状况、可持续增长状况进行实证分析，探讨财务可持续增长与融资之间的内在联系，提供有益于我国农业上市公司实现财务可持续增长的融资结构优化策略，并以此作为农业上市公司进行融资决策的突破口。本书研究有利于农业上市公司充分考虑财务资源对其增长的制约作用，合理安排财务资源，在财务资源的支持限度内把握适当的增长速度，保持财务资源与增长速度之间的协调平衡，使农业上市公司既不盲目扩张，也不因循守旧、不思进取而错失发展良机；能够使农业上市公司重视经营效率的提高，有利于提升农业上市公司盈利能力和资金利用效率，能够使农业上市公司合理制定财务政策，有利于提升农业上市公司管理层财务规划和统筹决策的水平，有利于提升农业上市公司的财务可持续增长能力；能够揭示财务增长与不同融资方式之间的内在联系，能为农业上市公司从财务可持续增长的角度制定合理的融资策略提供借鉴；有利于提升农业上市公司市场竞争力，有利于推动农业上市公司的可持续发展，进而带动我国农业经济的持续稳定发展。

1.2 研究思路与方法

1.2.1 研究思路

本书从财务可持续增长的角度出发，研究我国农业上市公司如何优化融资结构以实现财务可持续增长的问题。首先，搜集国内外关于财务可持续增长和融资结构问题的相关研究，分别对国内外关于财务可持续增长、融资结构以及财务可持续增长与融资关系的相关文献进行梳理，并总结前人的研究成果，以了解国内外相关研究现状，在学习和借鉴国内外相关研究成果的基础上，探讨本书值得进一步研究的内容。其次，介绍关于财务可持续增长和融资结构的相关理论，分析财务可持续增长与融资之间的内在联系，提出基于财务可持续增长的融资目标，为后面的实证研究奠定理论基础。再其次，选取2014年12月31日之前在沪深证券交易所上市的A股农业上市公司为研究样本，搜集样本公司2014～2018年的相关财务数据，利用样本公司的相关财务数据开展实证分析。采用描述性统计分析的方法对样本公司的融资结构状况进行分析；建立指标体系采用因子分析法对样本公司经营绩效状况进行分析；采用威尔科克森符号秩检验法检验我国农业上市公司是否实现了财务可持续增长、是增长过度还是增长不足；采用多元回归分析的方法对我国农业上市公司营业收入增长与不同融资方式之间的关系进行实证分析。最后，结合理论分析和实证研究的结论，提出财务可持续增长目标下农业上市公司融资结构优化策略，从而为农业上市公司制定融资策略、优化融资结构、保持财务可持续增长提供参考。

1.2.2　研究方法

1.2.2.1　文献研究法

文献研究法是根据一定的研究目的，通过查找相关文献来获得资料，从而全面、正确地了解掌握所要研究问题的一种方法。文献研究法被广泛用于各种学科的研究中，通过文献研究法能了解有关问题的历史和现状，帮助确定研究课题。本书通过对国内外关于企业增长理论、财务可持续增长模型、财务可持续增长影响因素、融资结构理论、融资结构特征和影响因素、财务可持续增长与融资关系的相关文献资料进行分析研究，归纳和总结前人的研究成果，发现值得进一步研究的方向，在此基础上设计本书的研究方案，建立本书的研究框架。

1.2.2.2　实地调查法

调查法是科学研究中常用的基本方法之一，是指有目的、有计划、系统地搜集有关研究对象现实状况或历史状况的资料的方法，它综合运用历史法、观察法等方法以及谈话、问卷、个案研究等方式，对研究对象进行周密和系统的了解，并对调查搜集到的相关资料进行分析、综合、比较、归纳，从而为人们提供规律性的知识。通过设计调研方案，到山东、上海、北京、湖南、河南、江苏、海南、福建、黑龙江、安徽、云南、广东等地农业上市公司以及相关政府部门开展实地调研，充分搜集有关农业上市公司经营战略、运营体系、财务状况、经营成果、融资现状、发展前景等方面的相关资料，并对调查资料进行整理和分析，完成调研报告，为本书开展实证研究奠定基础。

1.2.2.3 因子分析法

因子分析法就是将一些具有复杂关系的原始变量转换为少数几个综合因子的多元统计分析方法，因子分析的主要任务是提取原始变量的信息重叠部分，综合成因子，进而减少变量个数，它要求原始变量之间应存在较强的相关关系。因子分析的基本目的就是用少数几个因子去描述许多指标或因素之间的联系，因子分析法将相关性较高的变量归为一类，每一类变量成为一个因子，利用较少的几个因子去反映原始变量的大部分信息。本书分别从盈利能力、偿债能力、营运能力、发展能力、现金流量能力五个方面选取 16 项财务指标，用于构建农业上市公司经营绩效评价指标体系，采用因子分析法从经营绩效评价指标体系中提取少数几个公因子，在确定样本公司每个公因子得分的基础上，进一步计算每个样本公司综合绩效得分，进而对样本公司经营绩效进行分析与评价。

1.2.2.4 非参数检验

柯尔莫格洛夫—斯米尔诺夫检验（Kolmogorov-Smirnov test，K–S 检验）作为一种非参数检验方法，用于检验样本来自的总体同某一指定的理论分布（如正态分布、泊松分布、均匀分布、指数分布等）是否一致或者用于比较两个经验分布是否有显著性差异，本书利用 K–S 检验法来检验样本公司实际增长率与可持续增长率是否服从正态分布。本书采用非参数检验中的威尔科克森符号秩检验法（Wilcoxon signed ranks test）来检验样本公司实际增长率与可持续增长率是否具有显著性差异，即检验我国农业上市公司是否实现了财务可持续增长，如果样本公司实际增长率和可持续增长率两者存在显著性差异，再利用两者差异的正负号进一步判断样本公司是增长过度还是增长不足。

1.2.2.5 回归分析法

本书采用多元回归分析的方法研究农业上市公司不同融资方式对财务增长的影响，在回归分析中选取的因变量是样本公司各年的营业收入增长率

（即实际增长率），选取的自变量是样本公司各年的内源融资率增量、流动负债融资率增量、非流动负债融资率增量、股权融资率增量，分别对超高增长组和超低增长组营业收入增长率与融资结构指标增量进行多元回归分析，以发现农业上市公司营业收入增长与不同融资方式之间的关系，从而为农业上市公司改变超高或超低增长，保持财务可持续增长提供融资决策依据。

1.3　研究内容与技术路线

全书总共 8 章，第 1 章为导论部分，第 2 章为文献综述部分，第 3 章为相关理论基础部分，第 4 ~ 7 章为实证分析部分，第 8 章为研究结论与相关策略部分，前 3 章为后面的实证分析提供了理论支撑。

第 1 章，导论。本章主要介绍本书的选题背景、研究目的与研究意义，阐述本书的研究思路与研究方法，确定本书的研究内容与技术路线，介绍本书的创新之处。

第 2 章，财务可持续增长与融资结构相关文献综述。本章分别对国内外关于企业增长理论、财务可持续增长模型、财务可持续增长影响因素、融资结构理论、融资结构特征和影响因素、财务可持续增长与融资关系的相关文献进行梳理，归纳和总结前人的研究成果，在学习和借鉴国内外相关研究成果的基础上，探讨本书值得进一步研究的内容。

第 3 章，财务可持续增长与融资结构相关理论分析。本章首先阐述财务可持续增长的概念，介绍基于会计口径和基于现金流口径的四种经典的财务可持续增长模型，并对四种模型进行了对比，指出本书采用的财务可持续增长模型；其次介绍融资、融资结构的概念以及融资结构的相关理论，为探究财务可持续增长和融资的内在联系奠定基础；最后通过分析财务可持续增长与融资之间的内在联系，提出基于财务可持续增长的融资目标，并分析财务可持续增长模型中的融资理念。本章为后面实证分析部分提供理论支撑。

第 4 章，我国农业上市公司的现状与融资结构分析。本章首先界定农业上市公司的概念，介绍农业上市公司的发展历程，阐述农业上市公司具有的特点，并选取 2014 年 12 月 31 日之前在沪深证券交易所上市的 A 股农业上市公司为研究样本，同时，在研究中淘汰了被列为 ST 和 *ST 的公司以及不能提供完整财务数据的公司，利用样本公司 2014～2018 年的财务数据进行实证分析。然后选取内源融资率反映样本公司内源融资情况，选取资产负债率反映样本公司总体债务融资情况，选取流动负债融资率、非流动负债融资率反映样本公司债务融资期限结构情况，选取商业信用融资率、短期借款融资率、长期借款融资率、债券融资率、其他债务融资率反映样本公司债务融资来源结构情况，选取股权融资率反映样本公司总体股权融资情况，选取流通股比例、非流通股比例、国有股比例、法人股比例反映样本公司股权性质情况，选取第一大股东持股比例、前三大股东持股比例、前五大股东持股比例反映样本公司股权集中度情况，分别对样本公司整体融资结构、内源融资结构、债务融资结构、股权融资结构进行描述性统计分析。最后，在实证分析的基础上揭示农业上市公司融资结构的特点和存在的主要问题，为农业上市公司的融资决策提供一定的参考。

第 5 章，我国农业上市公司经营绩效分析。本章首先从盈利能力、偿债能力、营运能力、发展能力、现金流量能力五个方面选取销售净利率、总资产报酬率、净资产收益率、每股收益、资产负债率、流动比率、速动比率、存货周转率、流动资产周转率、总资产周转率、营业收入增长率、总资产增长率、营业利润增长率、净利润现金净含量、营业总收入现金净含量、每股经营活动现金净流量 16 项财务指标，构建农业上市公司经营绩效评价指标体系。其次对样本公司经营绩效评价指标进行描述性统计分析，采用因子分析法从原有指标体系中提取少数几个公因子，在确定样本公司每个公因子得分的基础上，进一步计算每个样本公司综合绩效得分，从而对农业上市公司经营绩效进行分析与评价，以综合反映农业上市公司的经营效果，发现其经营管理中存在的主要问题。最后从农业上市公司自身和政府部门角度提出相关的对策建议，以改善农业上市公司的经营管理，推动农业上市公司的健康发展。

第6章，农业上市公司财务可持续增长状况实证分析。本章首先以罗伯特·希金斯的财务可持续增长模型（可持续增长率＝销售净利率×总资产周转率×留存收益率×期初权益乘数）为理论基础，通过计算样本公司的销售净利率、总资产周转率、留存收益率和期初权益乘数，进而按照希金斯的模型来计算样本公司的可持续增长率，并利用营业收入增长率反映样本公司的实际增长情况。其次，利用 K－S 检验法来检验样本公司实际增长率与可持续增长率是否服从正态分布；利用威尔科克森符号秩检验法来检验样本公司实际增长率与可持续增长率是否存在显著性差异，即检验我国农业上市公司是否实现了财务可持续增长；如果样本公司实际增长率和可持续增长率两者存在显著性差异，再利用两者差异的正负号进一步判断样本公司是增长过度还是增长不足。然后，对样本公司财务可持续增长率的 4 个驱动因素（即销售净利率、总资产周转率、留存收益率与期初权益乘数）进行描述性统计分析。最后，根据实证分析结果提出提高农业上市公司财务可持续增长能力的对策建议。

第7章，农业上市公司融资结构与财务可持续增长关系的实证分析。本章首先根据 2014～2018 年样本公司的实际增长率与可持续增长率数据，对样本公司进行分组，其中，各年中实际增长率大于可持续增长率的样本公司分类为超高增长组，各年中实际增长率小于可持续增长率的样本公司分类为超低增长组，可以得到两组不同增长类型的公司。然后运用多元回归分析的方法研究农业上市公司不同融资方式对财务增长的影响，在回归分析中选取的因变量是样本公司各年的营业收入增长率（即实际增长率），选取的自变量是样本公司各年的内源融资率增量、流动负债融资率增量、非流动负债融资率增量、股权融资率增量，分别对超高增长组和超低增长组营业收入增长率与融资结构指标增量进行多元回归分析，以发现农业上市公司营业收入增长与不同融资方式之间的关系，从而为农业上市公司改变超高或超低增长，保持财务可持续增长提供融资决策依据。

第8章，研究结论与相关策略。本章首先总结实证分析部分的研究结论，然后基于理论分析和实证研究结果，进一步提出财务可持续增长目标下农业上市公司融资结构优化策略，最后指出本书在研究中尚存在的一些不足之处，指明未来进一步的研究方向。

本书技术路线如图 1 - 1 所示。

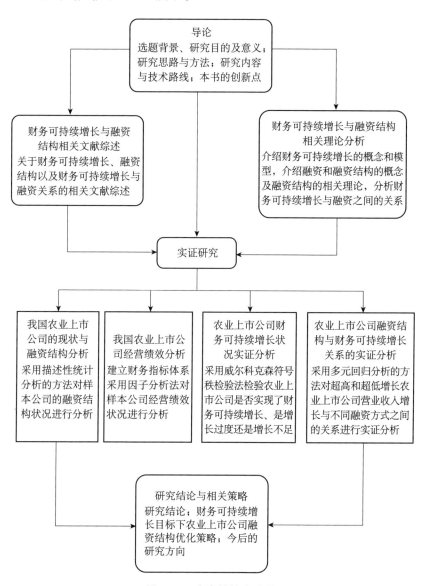

图 1 - 1　本书的技术路线

1.4 本书的创新点

1.4.1 研究视角上的创新

本书在借鉴前人研究成果的基础上，以农业上市公司为研究对象，将财务可持续增长问题与融资结构问题结合起来，从财务可持续增长的视角对我国农业上市公司的融资结构进行研究，角度新颖，具有前瞻性。以往的研究大多集中在融资结构问题或者财务可持续增长问题的单项研究上，缺乏将两者结合起来的研究，将财务可持续增长问题与融资结构问题结合起来的实证研究就更少。本书通过分析财务可持续增长理论和融资结构理论，揭示融资结构与实现财务可持续增长之间的内在联系，提出基于财务可持续增长的融资目标，进一步探讨我国农业上市公司如何优化融资结构以实现财务可持续增长。

1.4.2 研究思路上的创新

（1）本书将所选样本公司按实际增长率与可持续增长率比较后分组，其中，各年中实际增长率大于可持续增长率的样本公司分类为超高增长组，各年中实际增长率小于可持续增长率的样本公司分类为超低增长组，分别对超高增长组和超低增长组不同融资方式与营业收入增长之间的关系进行实证分析。

（2）对企业融资结构和财务增长关系的研究，许多学者采用的是融资结构指标的存量数据，忽略了融资结构指标的存量数据包含以往的资金积累，而融资结构指标的增量数据更能够反映企业的融资策略变化，更能体现融资结构对财务增长的影响，本书在研究中进一步区分融资增量与融资存量的关系，选取融资结构指标的增量作为自变量，研究内源融资率增量、流动负债融资率增量、非流动负债融资率增量、股权融资率增量与样本公司营业收入增长率（即实际增长率）之间的关系。

1.4.3　研究方法上的创新

（1）为了更好地了解农业上市公司经营绩效现状，本书采用因子分析法从经营绩效评价指标体系中提取少数几个公因子，在确定样本公司每个公因子得分的基础上，进一步计算每个样本公司综合绩效得分，从而对农业上市公司经营绩效进行分析与评价，较以往研究有较大改进，以往研究大多根据经营绩效评价指标体系中的各财务指标数值从几个方面对企业经营绩效进行分析与评价。本书分别从盈利能力、偿债能力、营运能力、发展能力、现金流量能力五个方面选取 16 项财务指标，用于构建农业上市公司经营绩效评价指标体系，在指标体系的构建上较以往研究有较大的改进，以往研究大多是从盈利能力、偿债能力、营运能力、发展能力四个方面选取指标构建经营绩效评价指标体系，本书考虑了现金流量对企业的重要影响，增加了现金流量能力指标。

（2）为了研究农业上市公司不同融资方式对财务增长的影响，本章分别对超高增长组和超低增长组营业收入增长率与融资结构指标增量进行多元回归分析，以发现农业上市公司财务增长与不同融资方式之间的关系，从而为农业上市公司改变超高或超低增长，保持财务可持续增长提供融资决策依据。以往对财务增长与融资关系的研究更多是从理论上进行定性分析，很少建立模型进行实证分析。本章在回归分析中选取的因变量是样本公司各年的营业收入增长率（即实际增长率），选取的自变量是样本公司各年的内源融资率增量、流动负债融资率增量、非流动负债融资率增量、股权融资率增量，选取公司规模作为控制变量。

第 2 章

财务可持续增长与融资结构
相关文献综述

本章分别对国内外关于企业增长理论、财务可持续增长模型、财务可持续增长影响因素、融资结构理论、融资结构特征和影响因素、财务可持续增长与融资关系的相关文献进行梳理，归纳和总结前人的研究成果，在学习和借鉴国内外相关研究成果的基础上，探讨本书值得进一步研究的内容。

2.1 财务可持续增长相关文献综述

2.1.1 关于企业增长理论的相关研究

企业以发展求生存，增长是一个企业本能的需求，企业增长理论是国内外学者研究的重要课题。早期的企业增长理论主要是研究企业的规模变化、企业增长的影响因素以及企业增长战略的制定等问题，随着资本市场的发展完善，企业增长理论研究的重点逐渐转向企业财务可持续增长问题，如"哪类企业能够获得财务可持续增长？""企业实现财务可持续增长的策略是什么？""企业如何能够保持财务可持续增长？"等问题。关于财务可持续增长问题的研究是从企业增长理论的研究开始，虽然早期研究中并未提出可持续增长一词，但已经形成了一些基本的理念，如强调企业在增长过程中要把握好度、协调好各种资源等。

艾迪斯·彭罗斯（Edith Penrose）是最早研究企业增长理论的学者之一，是企业增长问题相关研究的引路人。艾迪斯·彭罗斯（1959）在其出版的《企业增长理论》一书中，阐述了企业增长机制和限制企业增长的因素，艾迪斯·彭罗斯将企业看作包含人力、物力等资源的有机整体，深入分析了资源、能力和成长三者间的关系，他指出企业的增长是有限度的，企业内部资源和管理能力与企业增长密切相关，企业的增长会受到企业管理能力与管理服务的制约，指出企业应加强对资源、能力和成长三大因素的运用，企业应积极建立一个多维度的综合系统，企业应着重关注企业资源和管理能力的相关功能，并将企业资源和管理能力作为企业不断成长的关键因素。艾迪斯·彭罗斯的《企业增长理论》一书实现了企业增长与经济学、管理学的有效衔接，在学术界引起了广泛的关注，被很多学者作为学习的典范。

在艾迪斯·彭罗斯研究的基础上，越来越多的学者开始从企业内部出发对企业增长问题进行研究。著名学者罗宾·马里斯（Robin Marris，1964）从企业内部效率角度研究企业增长理论，提出企业内部资源是制约企业增长的最根本原因，企业要想实现内部效率最大化，就必须有效利用企业内部资源，如果能够使企业内部资源的利用效率达到最大化，从而使企业增长速度达到最优状态，这样可以有效地避免财务风险的发生。企业最优增长速度就是使企业内部效率达到最大化的增长速度，在内部资源制约下企业不可能实现无限增长。罗宾·马里斯的观点与艾迪斯·彭罗斯的观点比较相近。彼得·艾森曼（Peter C. Eisemann，1984）也提出企业增长会受到企业内部资源的制约，只有使内部资源利用效率达到最大化，才能使企业实现快速增长。

此外，阿尔弗雷德·钱德勒等（Alfred D. Chandler et al.，1962）的《成长阶段研究》、威廉·星巴克（William H. Starbuck，1965）的《组织成长动机研究》从不同角度出发研究了企业成长的影响因素。伊戈尔·安索夫（H. Igor Ansoff，1965）的《公司战略》、威廉·鲍莫尔（William J. Baumol，1959）的《企业行为、价值和成长》、莱比斯汀（H. Leibemstin，1968）的

《成长之路模型》等著作从不同角度对企业增长速度进行了研究。

大卫·皮尔斯和克里·特纳（David W. Pearce & Kerry Turner，1989）联系系统力学理论，深入研究了企业组织，提出了企业增长存在上限的理论，指出人、组织和社会属于持续不断的自我反馈系统，该系统的发展是其内外部因素共同作用的结果，该系统能够密切结合优于它的系统。通过研究，他们还发现系统发生变化与正、负反馈以及反馈的时间迟滞有直接的联系，企业处于不同阶段时，应在正反馈与负反馈间实现动态的平衡。正反馈是指为企业发展提供空间和正能量；负反馈是指对企业发展起消极作用或约束企业发展的负能量；反馈的时间迟滞是指反馈的时间分布，能直接决定企业的生存与发展状况。大卫·皮尔斯和克里·特纳提出正反馈和负反馈两者间是正相关关系，两者会相互抵消，从而对企业的发展产生一定的制约，所以企业的增长是有限度的。

普拉哈拉德和加里·哈默尔（C. K. Prahalad & Gary Hamel，1990）从企业资源理论出发，提出了企业核心竞争力理论，他们将企业看作包含所有资源、技术和能力等的有机整体。通过研究，他们提出企业核心竞争力主要取决于企业对资源的获取、利用和分配等方面的能力，企业核心竞争力反映了企业协调整合资源的能力和水平，是企业在长期发展实践中积累起来的。普拉哈拉德和加里·哈默尔指出，企业资源本身并不是企业核心竞争力的增长动力，企业核心竞争力增长的动力应是企业科学有效利用现有资源的能力，企业资源、技能、技术等之间的有机组合决定着企业的核心竞争力，并不只有企业的资源。他们还指出，企业之间的竞争并不只是产品和资源等方面的竞争，更多的是综合实力的竞争，企业核心竞争力并不是一个独立的部分，需要完全渗透于企业各项业务之中，从而全面调动企业的各项业务，企业只有不断地运用、保持和积累能力，才能形成企业长期竞争优势，这是企业不断成长与发展的一种动力机制。

阿里德赫斯（Arie de Geus，1997）从企业寿命角度出发，基于企业不同寿命阶段的特点对企业增长问题进行研究，阿里德赫斯将企业划分为经济型企业和生命型企业。经济型企业重视利益最大化，非常关注产品的制造和服务的提供，而生命型企业重视企业未来的生存发展，关注如何实现企业持续增长。阿里德赫斯通过研究指出，面对日趋激烈的市场竞争，有的企业之所以能够抢占先机，这与其强大的可持续增长能力有着密切的关系，面对市场环境的不断变化、经济的快速发展，企业面临的纷繁复杂的挑战日益增多，在这样的环境中保持企业可持续增长难度较大，企业各级管理者应当高度重视并有充分准备，应当考虑如何应对严峻挑战，使企业实现可持续增长。他指出企业的应变能力、财务策略、员工内部凝聚力和学习能力是决定企业能否长寿的关键因素，企业应不断提高自我学习能力，以适应市场环境的变化。艾伦·罗宾逊和萨姆·斯特恩（Alan G. Robinson & Sam Stern，1997）从系统力学角度出发，提出了企业增长存在上限理论，他们通过研究指出企业增长是系统内外因素共同作用的结果，由于正负两个方面反馈的约束，使得企业增长存在上限。在企业增长理论的相关研究基础上，普拉缇玛·邦沙（Pratima Bansal，2005）提出企业可持续增长是以不影响企业的财务状况、长期的社会效益和企业竞争环境等为基础，同时，对企业短期的财务需求以及社会效益和环境作出良好反应的能力，是企业应具备的一种应对能力，企业需要对不影响可持续增长的因素进行整理和排序，并有效地安排在生产经营中。

2.1.2 关于财务可持续增长模型的相关研究

2.1.2.1 国外关于财务可持续增长模型的相关研究

财务可持续增长是企业财务管理中的重要内容，在企业增长相关理论研究的基础上，国外学术界研究的重点逐渐转向企业财务可持续增长问题，从 20 世纪 70 年代起，国外学者对企业财务可持续增长问题的研究越来越多，而且已经形成一些较为成熟的理论。国外学者将企业财务可持续增长以数学模型反映出来，出现了各种财务可持续增长模型。国外财务学界比较经典的财务可持续增长模型主要有两大类：一类是基于会计口径的财务可持续增长模型，主要有美国财务学家罗伯特·希金斯教授（Robert C. Higgins）的财务可持续增长模型和詹姆斯·范霍恩教授（James C. Van Horne）的财务可持续增长模型；另一类是基于现金流口径的财务可持续增长模型，主要有阿尔弗雷德·拉巴波特（Alfred Roppaport）的财务可持续增长模型和约翰·科雷（John L. Colley）的财务可持续增长模型。这两个模型考虑了现金流量对财务可持续增长率的影响。

美国财务学家罗伯特·希金斯教授（1977）最早对企业财务可持续增长问题进行定量研究，他分析了企业自身的财务资源和增长速度之间的内在关系，从财务管理角度最早提出了财务可持续增长的观点，指出了企业财务可持续增长的重要意义，并在1981年最早提出了财务可持续增长率的概念，即"在不需用尽企业财务资源的情况下，企业的销售可以增长的最大比率"。希金斯教授基于一定假设的基础上创建了财务可持续增长模型，他的财务可持续增长模型有三个基本假设：第一个是企业打算按照与市场条件允许下的增长率同样的比率来增长；第二个是企业已经有而且计划继续保持目标资本结构与目标股利政策；第三个是管理者不可能或者不愿意发行新股。罗伯特·希金斯的财务可持续增长模型为：财务可持续增长率＝股东权益的变动额÷期初股东权益＝本期留存收益增加额÷期初股东权益＝销售净利率×总资产周转率×留存收益率×期初权益期末总资产乘数。

另一位美国著名财务学家詹姆斯·范霍恩教授（1988）以希金斯的财务可持续增长模型为基础，将经营策略发生变化和企业会计政策同时并入模型研究中，重构了财务可持续增长模型，范霍恩提出财务可持续增长率是一个目标值，以偿债能力、股利支付以及运营等因素重新定义了财务可持续增长率，他将财务可持续增长率定义为"维持同企业现实与金融市场情况相一致的销售增长率"。范霍恩教授根据财务政策是否发生变化将财务可持续增长模型分为两种：一种是稳态模型，该模型假定股权性融资与销售收入同步增长，稳态模型本质上与希金斯的模型相同；另一种是动态模型，这个时候不再把稳定条件作为前提，而是要放宽稳定增长模型的假设条件，考虑企业经营环境变化对财务可持续增长率的影响，此时认为企业可以发行股票。希金斯教授和范霍恩教授提出的财务可持续增长概念揭示了企业的增长速度和财务资源之间的协调平衡关系，说明了销售增长必须要和资金的增长相平衡，企业管理者可依据财务可持续增长模型采取相应的财务管理策略，从而实现企业的平衡增长。

阿尔弗雷德·拉巴波特（Alfred Rappaport，1980）从现金流量角度出发，研究了企业财务可持续增长问题，他认为制约企业增长的关键是企业的现金流量，他在沿袭前人相关研究的基础上建立了受企业自由现金流约束且二者呈负相关关系的财务可持续增长模型。拉巴波特将可持续增长与企业价值相结合，他认为企业的增长和企业价值创造相关，并提出"可承受增长"的概念，即在不发行新股、目标资本结构和股利分配率维持不变、经营毛利率保持不变的前提下，企业能够达到的最大业务增长。拉巴波特提出可承受的增长可持续地为股东创造价值，如果忽视了可承受的增长，盲目追求快速增长可能会导致资金短缺，使股东的利益受到损失，进而导致企业价值的降低。拉巴波特认为企业价值的提升就是财务可持续增长的结果，企业制订的财务计划应当与企业持续增长的目标相一致。

约翰·科雷（John L. Colley，2003）基于现金流量角度对企业财务可持续增长问题展开了研究，对现金流量与增长率之间的关系进行了探讨。科雷建立了一系列假设，包括股利支付率、资产负债率维持不变，固定资产、流动资产和流动负债等随着销售收入的增长同比例增长等，在此基础上，他提出了当净现金流量等于零时现金余额的增长率就是企业的可持续增长率，这是企业应保持的最优增长速度，此时的增长既能满足企业的正常运营，又不会因现金多余而导致资源的浪费。科雷认为，如果企业的实际增长率大于可持续增长率，企业现金流出大于现金流入，净现金流量小于零，企业会出现负的现金流；如果企业的实际增长率小于可持续增长率，企业现金流入大于现金流出，净现金流量大于零，企业会有正的现金流，企业增长率和现金流量之间具有相反的变动关系。

基于现金流口径的两个模型在本质上是一致的，两者均建立在现金流量的基础上，都认为可持续增长率是现金流为零时的增长率，而这里的现金流应是有所限制、锁定的自由现金流量。两个模型都建立了增长与现金余缺的直接联系，指出约束企业增长的关键因素即为企业的自由现金流量，指出企业增长与现金流具有线性负相关关系。两个模型的不同之处是拉巴波特在模型中使用的是相对数指标，而科雷使用的是绝对数指标，两者可以通过乘以（或除以）销售额相互转换。

2.1.2.2　国内关于财务可持续增长模型的相关研究

从 20 世纪 70 年代起，国外学者对企业财务可持续增长问题的研究越来越多，而且已经形成一些较为成熟的理论。但是，我国学者对财务可持续增长问题的研究起步较晚，对财务可持续增长理论的重视从 20 世纪 90 年代末才开始，就其概念而言大多是接受西方主流观点，在研究中主要是借鉴国外的理论模型，后来有一些学者逐渐对国外经典的财务可持续增长模型进行了修正，以更符合我国的实际情况，拓宽了财务可持续增长模型在我国的应用。

陈锦帆和王静蓉（1999）分析了企业增长所带来的财务问题，介绍了罗伯特·希金斯的可持续增长模型，针对模型的假设条件中隐含的折旧基金能平衡原有资产重置投资的需要，使模型存在内在逻辑上的矛盾，对可持续增长模型进行了修正。朱开悉（2001）分析了企业销售可持续增长模型存在的不足，对其进行了完善，他认为公司理财目标是实现公司价值最大化，如果其他条件保持不变，也就是实现公司每股收益最大化，他提出了公司可持续每股收益增长模型。朱开悉在分析可持续增长模型的基础上得出任何企业都不应该放弃对企业可持续增长的努力；企业每股收益增长存在由企业的内部资源与外部环境决定的上限；增发配股不一定能够提升公司可持续增长率等结论。油晓峰和王志芳（2003）分析了希金斯财务可持续增长模型假设条件的局限性，针对现实中的财务问题，提出通过引入现金流量指标、财务控制概念以及财务激励约束机制，可将财务可持续增长模型与企业的兼并重组、财务危机的控制、财务冲突的协调联系起来，拓宽了财务可持续增长模型在我国的应用，使得财务可持续增长模型不再局限于预测企业财务增长。

程仲鸣和郝继陶（2004）提出罗伯特·希金斯的可持续增长模型没能认清限制企业增长的资源约束，没能从融资、风险与经营等角度深入考虑，所以需要对可持续增长模型加以改进，他们分别从融资角度、财务风险角度、经营角度（包括经营规模、资产的投资和核心业务的经营）对可持续增长模型进行改进，以更好地发挥它的作用。敖诗文和强殿英（2004）分析了詹姆斯·范霍恩可持续增长模型的局限性，通过引入敏感资产、非敏感资产、敏感负债和非敏感负债等概念，将反映企业财务状况的各要素进行分类，对詹姆斯·范霍恩可持续增长模型加以修正，使假设条件更符合企业实际状况，并分析了修正后模型的意义，如可利用此模型对企业销售收入进行规划和控制，他们还指出，利用模型计算的可持续增长率只是建立在一定假设基础上的一个预测值，能为企业经营管理提供一个标尺，实际的销售增长率很难与可持续增长率完全一致，而应围绕其上下波动。汤谷良和游尤（2005）介绍了基于会计口径和基于现金流口径的四种可持续增长模型，指出了各种模型的优势与不足，并且利用万科 1998～2004 年的财务数据对各个模型进行数据验证，从而为企业计算可持续增长率提供了借鉴，通过研究也发现基于现金流口径的模型计算的可持续增长率波动更为激烈。

樊行健和郭晓燚（2007）分析了罗伯特·希金斯和詹姆斯·范霍恩的可持续增长模型，指出模型存在的优势和不足，吸纳了希金斯可持续增长模型简单和易于操作的优点，充分考虑了企业增长的动态特征，分别考虑企业发行新股、企业财务平衡增长和企业资本结构变动三种情况，放宽希金斯可持续增长模型的假设前提，重新构建了企业的可持续增长模型，以拓展可持续增长模型的应用价值。黄蕊和刘桂英（2009）在分析詹姆斯·范霍恩可持续增长模型的基础上，进一步考虑了财务杠杆效应的影响，构建了包含财务杠杆效应的财务可持续增长模型，通过研究还发现，可持续增长率与财务杠杆系数呈正相关性，财务杠杆系数能够指导企业管理，企业管理者能在实现预计增长率的情况下，选用合理的资本结构和财务杠杆指标，使企业实现可持续增长。顾兰兰和刘桂英（2010）修正了詹姆斯·范霍恩可持续增长模型的假设条件，修正后的模型考虑了通货膨胀的影响，还考虑了资产项目和负债项目的细分以及净利润的构成情况，从而提高了模型预测的准确性。韩俊华和干胜道（2013）对希金斯、范霍恩、拉巴波特和科雷可持续增长模型进行了评述，并放宽了假设条件，重新建立了企业可持续增长模型，通过模型检验发现销售净利率、权益乘数、资产周转率、留存收益率对企业可持续增长率具有边际收益递减规律和规模收益递增规律。苏利平和马肖驰（2014）以罗伯特·希金斯含通货膨胀的可持续增长模型为基础，分别分析了通货膨胀对长期负债和流动负债的影响，在此基础上只考虑了通货膨胀对流动负债的影响，进一步改进了企业财务可持续增长模型。王黎华等（2015）对希金斯和范霍恩的可持续增长模型进行了分析与评价，并考虑了当前中国企业的实际，对国外可持续增长模型进行了重构。

企业增长理论以及财务可持续增长模型的相关研究为学术界进一步深入研究财务可持续增长问题奠定了基础，国内很多学者利用财务可持续增长模型，结合实际案例，实证研究某个行业或某类企业的财务可持续增长状况，在研究中得出了很多适合我国国情的有益结论。刘斌等（2002）选择1994年12月31日之前上市的我国A股上市公司为研究样本，利用其1993～2000年的财务数据，运用数理统计的方法检验了1993～2000年各行业上市公司的可持续增长状况，为以后对可持续增长问题开展实证研究提供了借鉴。王玉春和花贵如（2007）运用信息技术上市公司2000～2005年的财务数据，采用希金斯的可持续增长模型，分析信息技术上市公司可持续增长状况和影响因素。蒋红芸等（2013）选取2010年12月31日以前上市的广西壮族自治区上市公司作为研究对象，利用其2006～2010年的财务数据，利用樊行健可持续增长重构模型对样本公司可持续增长状况进行实证分析。

2.1.3　关于财务可持续增长影响因素的相关研究

在对财务可持续增长理论模型进行研究的基础上，国内外一些学者开始关注影响企业财务可持续增长的主要因素，国内外学术界基于不同角度对不同类型企业实现财务可持续增长的影响因素进行了相关研究，这些影响因素有企业内部的，也有企业外部的。

2.1.3.1　国外关于财务可持续增长影响因素的相关研究

国外学术界对于可持续增长影响因素的研究范围十分广泛，既有以所有企业为对象进行研究，也有以某个行业的企业为对象进行研究，既有定性研究，也有定量研究。

贝内特·斯图尔特（Bennett Stewart，1994）选取美国上市公司 10 年的财务数据，利用定量分析和定性分析相结合的方法，研究了影响企业可持续增长的财务因素，提出了基于经济增加值的综合评价体系以促进企业实现财务可持续增长。大卫·斯托瑞（David J. Storey，1994）基于企业、企业家与战略三个方面，对财务可持续增长的影响因素进行了研究，通过研究发现：企业家创业动机与管理能力、企业家行业背景、企业的产业性质、国家政策和市场地位等都对财务可持续增长有重要影响，而且企业、企业家与战略这三个方面会共同对企业的可持续增长产生影响，只有协调好这三者的关系使其综合发挥作用，才能使企业实现持续快速发展。迈克尔·海伊和金雅金沙（Michael Hay & Kimya Kamshad，1994）研究了影响小企业成长的主要因素，通过研究发现主要有内部因素和外部因素两大类，包括债务融资能力、劳动力素质和风险资本融资能力等 12 个主要因素。

弗雷德里克·德尔玛等（Frédéric Delmar et al.，2003）以 1501 个快速增长的企业为研究对象，研究了销售增长、组织增长、并购增长和员工数量等多个指标，分析了这些企业取得高速增长的不同方式，并根据创建时间、规模大小和产业从属提出了 7 种高速增长模式。布鲁斯·巴林格等（Bruce R. Barringer et al.，2005）研究了影响高速增长公司财务可持续增长的因素，通过研究发现：创始人的能力、公司的产权性质和人力资源管理等对企业财务可持续增长具有重要影响。雷蒙德·菲斯曼和雅各布·斯文森（Raymond Fisman & Jakob Svensson，2007）通过研究发现：贿赂和税收是影响中小企业成长的关键因素，企业的增长能力与企业的税率和贿赂率呈负相关关系，而且贿赂率对企业可持续增长的影响更大。亚历克斯·科德（Alex Coad，2007）采用实证研究的方式，以法国 8405 家制造企业为研究对象，利用其1996~2004 年的财务数据进行研究，通过研究发现：利润率对企业可持续增长的影响较小，彭罗斯效应没有在企业的动态发展中发挥主要作用，企业可持续增长是多种因素共同作用的结果。

罗德里戈·泽丹等（Rodrigo Zeidan et al.，2015）基于层次分析法建立了财务可持续增长价值评估系统，利用该体系研究了企业财务可持续增长的影响因素，通过研究显示企业的盈利能力对财务可持续增长的影响最大。赖永隆等（Yung-Lung Lai et al.，2015）选取中国台湾、日本、韩国技术制造类似的生产制造类上市公司为研究对象，利用实证研究的方法，研究了内部战略资源、金融策略等影响财务可持续增长的主要因素。李永浩等（Byoung-ho Lee et al.，2015）以全球28家IT公司为研究对象，基于销售、利润和市场价值等方面进行研究，通过研究发现：购买专利有利于企业实现短期增长，内部研发能促进企业实现可持续增长。罗马特·萨拉吉和格里斯纳·安格德维塔（Romat Saragih & Grisna Anggadwita，2016）研究了印度尼西亚的互联网软件开发业企业增长情况，通过研究发现：该行业发展迅速、增长潜力较大，但是企业要想取得竞争优势，必须实现财务可持续增长，产品或服务、企业规模、研发能力是企业财务可持续增长的重要影响因素。萨宾娜·安帕和思特凡·博杰克（Sabina Žampa & Štefan Bojnec，2017）评价了欧洲6190家中小企业2000～2014年的财务绩效，通过研究发现：政府补贴前与补贴后企业财务绩效有显著性差异，政府补贴可以改善企业财务绩效，从而促进企业实现财务可持续增长。

2.1.3.2 国内关于财务可持续增长影响因素的相关研究

国内学术界从不同角度出发对不同行业、不同区域企业或某个企业的财务可持续增长状况及影响因素进行研究。

（1）国内很多学者从希金斯和范霍恩的财务可持续增长模型出发，围绕财务可持续增长模型中的财务指标，探讨影响财务可持续增长的主要因素。刘斌、刘星和黄永红（2003）选取1994年年底前上市的282家A股上市公司为研究对象，利用主成分分析和多元回归分析的方法，研究了影响我国上市公司可持续增长的主成分因素，并分析了上市公司可持续增长与其盈利能力、偿债能力、营运能力、成长能力的关系，研究结果显示：公司财务可持续增长率与流动比率、速动比率、盈利率具有正相关关系，与资产负债率具有反向变动关系，除商业行业外的其他行业财务可持续增长率与营运能力、成长能力具有正相关关系。林钟高等（2007）以希金斯的财务可持续增长模型为基础，对模型中的 4 个指标进一步分解，研究企业财务可持续增长的驱动因素，提出企业可以通过提高息税前总资产收益率、降低利息率、改变财务杠杆水平以提高财务可持续增长率，企业实现可持续增长的财务动因主要包括持续经营动因、企业控制权动因和利益相关者博弈均衡动因。王亚星等（2012）以长三角和珠三角的民营上市公司为研究对象，从治理质量、盈利能力以及现金流质量等方面选取指标，利用因子分析法分析影响民营企业可持续增长的因素。苏利平（2013）以内蒙古上市公司为研究对象，从盈利能力、偿债能力、营运能力、成长能力和公司治理水平等方面，构建财务可持续增长影响因素指标体系，通过研究发现：样本公司的财务可持续增长能力与其成长能力、营运能力、盈利能力具有正相关关系，与其偿债能力不具有正相关关系，其中，净资产收益率、销售净利率、资本积累率和总资产周转率对公司财务可持续增长能力的影响较大。于永阔（2015）研究了影响证券公司财务可持续增长的因素，在研究中首先对罗伯特·希金斯财务可持续增长模型中的 4 个指标进一步分解，然后分析了影响股利分配率、资产负债率、营业收入与营业成本的因素，主要有市场因素、经济因素、政治因素和制度因素等，最后提出企业应当在综合考虑各方面影响因素后确定适当的财务可持续增长率。高菁、潘婷和章丽群（2018）利用范霍恩的财务可持续增长模型，以我国医药制造业上市公司为研究对象，利用其 2010～2016 年的财务数据，采用回归分析的方法，研究了销售净利率、总资产周转率、留存收益率和权益乘数对公司财务可持续增长率的影响，研究结果显示：销售净利率、留存收益率、总资产周转率与财务可持续增长率呈正相关性，权益乘数与财务可持续增长率呈负相关性，其中，销售净利率和权益乘数对财务可持续增长率的影响较小，总资产周转率的影响最大。

（2）国内一些学者从增发新股、社会责任、融资结构、高管特征、地方保护、国家政策等不同角度出发研究其对企业财务可持续增长的影响。陈文浩和朱吉琪（2004）研究了增发新股对不同发展阶段的公司财务可持续增长的影响，通过研究发现：增发新股对企业当年可持续增长力的影响是正面的，然而对企业今后的可持续增长具有负面影响，企业通过增发新股取得资金的投资项目资产净利率、企业股本结构和股利政策会影响企业未来的可持续增长。车嘉丽（2005）以中小企业为研究对象，提出中小企业可持续增长会受到举债、增发股票和经营效率的制约。曾亚敏和张俊生（2009）研究了地方保护对上市公司可持续增长的影响，通过研究发现：地方保护程度越高，公司预期的可持续增长率越低，实际增长率越容易小于预期增长率，实际增长率的可持续性越差，综合来看，地方保护主义不利于企业的可持续增长，不利于企业的长远发展。杨汉明和邓启稳（2011）以2007年和2008年披露社会责任信息的A股上市公司为研究对象，研究了公司承担社会责任与可持续增长之间的关系，通过研究发现：不管是全部样本还是非国有控股企业，公司承担社会责任与可持续增长率具有负相关关系。蒋尧明和章丽萍（2012）选取2006~2010年我国中小企业上市公司为研究对象，研究了企业高层管理者特征对企业可持续增长的影响，通过研究发现：高层管理者的教育水平和企业可持续增长具有正相关关系，高层管理者的年龄和企业可持续增长具有倒U型关系，高层管理者任期、专业背景和社会背景与企业可持续增长不存在显著的相关关系。陈建（2013）利用理论分析和实证分析相结合的方法，研究了国家财政政策、支农政策、货币政策、非农化经营、公司治理结构对农业上市公司持续增长能力的影响，检验了影响农业上市公司财务可持续增长能力的关键因素。宋志丹（2015）基于管理者特征、管理者激励、管理者监督等方面研究了管理防御和可持续增长能力之间的关系。李东东（2016）研究了中小板上市公司融资结构对财务可持续增长的影响。李静（2017）采用实证研究的方法分析了管理层薪酬、股利政策对上市公司可持续增长的影响。王敏（2017）选取伊利公司为研究对象，采用定性和定量分析相结合的方法，基于外部因素和内部因素两个方面，研究了制度环境和资源配置对企业可持续增长的影响。常景怡（2017）研究了风险投资对创业板上市公司可持续增长的影响。马儒慧（2018）采用多元回归模型，研究了制造业上市公司社会责任、会计信息质量与可持续增长之间的关系。

通过国内外的相关文献可以看到，影响企业财务可持续增长的主要因素有内部因素和外部因素两个方面，内部因素主要有企业自身的盈利能力、偿债能力、营运能力、创新能力、管理能力、资源开发利用能力等，外部因素主要有经济因素、金融环境、政治因素和文化教育因素等，经济因素有经济发展水平、经济政策、财政政策、市场体系等，政治因素有国家的政治法律体系和政治格局的稳定等，文化教育因素有教育水平、宗教信仰等。

2.2　融资结构相关文献综述

2.2.1　关于融资结构理论的相关研究

2.2.1.1　国外关于融资结构理论的相关研究

国外学术界从不同角度对企业融资结构问题进行研究，到目前为止，国外学术界已经取得了较为丰富的研究成果。西方发达国家对企业融资结构理论的研究主要在 20 世纪 50 年代以后，大致可分为三个阶段：早期融资结构理论阶段、MM 融资结构理论阶段和新的融资结构理论阶段。

第一阶段是早期融资结构理论阶段。这一阶段是以美国经济学家大卫·杜兰特（David Durand）提出的融资结构理论为代表，这一阶段还未形成完整的理论体系。1952 年，大卫·杜兰特在其发表的《企业债务和股东权益成本：趋势和计量问题》一文中系统地阐述了关于早期融资结构理论的思想，并将其分为三种类型：净收益理论、净营业收益理论和传统折中理论。净收益理论认为，企业负债资本越多，在企业的融资结构中所占比重越大，企业的平均资金成本就会越低，企业的净收益或税后利润就越多，企业价值就越高。净营业收益理论认为，企业债务资本的多少，在资金来源中所占比重的高低，与企业价值没有关系，企业价值的变动主要是受净营业收益的影响而并非受融资结构的影响。传统折中理论认为，在一定的范围内，增加债务资本有利于降低综合资金成本，有利于提升企业价值，但债务资本规模必须适度，如果过度增加企业债务资本，会引起综合资金成本的上升，从而使企业价值下降。这些早期的融资结构理论只是对融资结构的一些初级认识，存在一定的局限性。

第二阶段是 MM 融资结构理论阶段。这一阶段是以美国财务学家莫迪格利安尼和米勒（Modigliani & Miller）提出的融资结构理论为代表，MM 理论开拓了现代融资结构理论研究的新方向，奠定了现代融资结构理论的基石，后期很多融资结构理论都是在 MM 理论的基础上发展而来。莫迪格利安尼和米勒先后研究了"无企业所得税"和"有企业所得税"不同条件下的企业融资结构，分别形成了"无税 MM 理论"和"有税 MM 理论"。1958 年，莫迪格利安尼和米勒合作发表《资本成本、公司价值与投资理论》一文，该文研究了企业融资结构与企业价值的关系，创立了 MM 融资结构理论，该理论基本观点是在没有企业和个人所得税、资本市场充分有效运作、所有债务利率相同、企业没有破产成本等假设前提下，企业价值与其融资结构无关。1963 年，莫迪格利安尼和米勒合作发表了《公司所得税与资本成本：一项修正》一文，在原 MM 理论的基础上考虑了企业所得税的存在，对最初的 MM 理论进行了修正。修正的 MM 理论观点是：如果考虑企业所得税的存在，由于债务利息的抵税作用，企业债务资本越多，企业加权平均资金成本就越低，企业价值也就越高，企业价值会随债务资本的增加而上升，企业价值和资金成本与融资结构相关。

第三阶段是新的融资结构理论阶段。从 20 世纪 70 年代开始，学术界出现了一些新的更具有实际应用价值的融资结构理论，主要有权衡理论、代理成本理论、信号传递理论、优序融资理论、控制权理论等，这些理论从不同角度反映了在信息不对称的条件下融资结构对企业价值和行为的影响，为企业的融资决策提供了理论指导。

（1）权衡理论的代表人物主要有罗比切克（Robichek，1967）、克劳斯（Kraus，1973）、鲁宾斯坦（Rubinmstein，1973）、斯科特（Scott，1976）等人。权衡理论既考虑了负债融资所带来的节税利益，又考虑了负债融资所导致的财务风险和各种费用，通过对负债融资的利弊进行权衡比较，决定债务融资与权益融资的比例，最终确定企业价值。权衡理论的缺陷在于企业财务困境成本往往难以量化，因此在实际中很难应用。

（2）1976 年，迈克尔·詹森（Michael C. Jensen）和威廉姆·麦克林（William H. Meckling）合作发表了《企业理论：管理行为、代理成本和所有权结构》一文，在该文中提出了"代理成本理论"，并应用这一理论系统分析了信息不对称条件下的融资结构问题。根据詹森和麦克林的观点，委托人为了防止代理人损害自己的利益，需要通过严密的契约关系和对代理人的严格监督来限制代理人的行为，而这需要付出代价，也就产生了代理成本。企业最佳的融资结构是由股权代理成本和债务代理成本之间的平衡关系决定的，只有债务资本适度的融资结构才会提高股东价值。

（3）1977 年，美国金融学家斯蒂芬·罗斯（Stephen A. Ross）将信号传递理论与融资结构问题结合起来进行研究，提出了融资结构的信号传递理论。企业内部的经营管理者与外部投资者之间，存在着较为严重的信息不对称，即经营管理者拥有较为详细的企业内部信息，而外部投资者很难掌握有效、翔实的企业内部信息，投资者只能根据经营管理者所提供的信息来评价企业的价值。信号传递理论是解决信息不对称问题的有力工具。罗斯认为企业经营管理者所做出的融资决策或股利分配决策，则相当于向外部投资者和外部市场传递了企业的内部信息，外部投资者可以利用这些信息了解企业的经营状况，进而做出相应的投资决策。

（4）1984 年，美国金融学家斯图尔特·梅耶斯（Stewart C. Myers）和智利学者尼古拉斯·麦吉勒夫（Nicholas S. Majluf）系统地将信息不对称现象引入企业融资结构理论的研究中，在信号传递理论基础上提出了优序融资理论，该理论的假设前提是除信息不对称外，金融市场是完全的。优序融资理论的中心思想是：企业内部融资优先于外部融资，而在企业外部融资中债务融资又优先于股权融资，即遵循内部融资、外部债务融资、外部股权融资的顺序，梅耶斯等人通过考察美国企业融资结构使这一融资顺序得到了证实。

（5）20 世纪 90 年代出现了融资结构控制权理论，该理论是以融资契约的不完全性为研究起点，以企业控制权的最优配置为研究目的，分析融资结构如何通过影响企业控制权安排来影响企业价值，主要代表人物有米尔顿·哈里斯和阿图尔·拉维夫（Milton Harris & Artur Raviv）以及阿洪和博尔顿

（Aghino & Bolton）。控制权理论是在代理成本理论的基础上形成和发展起来的，其研究的重点是企业控制权与融资结构之间的关系，企业通过不同方式融通资金形成的融资结构必定对企业控制权配置产生影响，继而对代理成本产生影响，并最终导致企业价值的变化。米尔顿·哈里斯和阿图尔·拉维夫（1991）认为，在职经理通过权衡其持股收益与控股损失确定其最优融资结构。

总体来说，现代企业融资结构理论已经发展成为比较成熟的理论，并在西方各国的企业融资行为中起到了理论指导作用，然而到目前为止，还没有形成一个统一的理论体系对企业融资问题进行完整地解释，以上各个理论学派也仅仅是从某个特定角度对企业融资问题进行研究。

2.2.1.2　国内关于融资结构理论的相关研究

国内学术界在融资结构理论上的研究多是在借鉴西方融资结构理论的基础上衍生而来，主要是对国外融资结构理论进行评述或完善，还没有完全的理论创造出现，这些研究对于企业优化融资结构、提高自身经营管理水平有一定的指导作用，但国内融资结构理论创新性匮乏，学者和专家之间更多的是相互借鉴，缺乏有建设性的、在国际上具有影响力的观点。张维迎（1995）详细阐述了激励理论、信息传递理论和控制权理论，这三类模型都将企业融资结构与治理结构相联系，分析融资结构是如何通过影响企业治理结构来影响企业市场价值的，他认为熟悉这些理论对探讨我国企业制度的改革是有益的。沈艺峰（1999）的《资本结构理论史》系统地阐述了企业资本结构理论的发展演化历程和资本结构优化的进展，是国内对资本结构理论方面介绍较为全面的一本专著。陈很荣、范晓虎和吴冲锋（2000）系统地介绍了西方现代企业融资理论的发展历程，并对各阶段企业融资理论进行了深入的探讨和评述，主要有 MM 理论、平衡理论、新优序融资理论、代理成本理论、控制权理论。沈艺峰、沈洪涛和洪锡熙（2004）认为，资本结构管理控制理论既是对现代资本结构理论和新资本结构理论的批判，也是对它们的继承和发展，它着重探讨了资本结构和公司控制权市场之间的联系，并指出了管理者在资本结构决策中的重要作用，资本结构管理控制理论主要包括 Stulz

模型、Harris-Raviv 模型和 Israel 模型三个重要的模型。

孙玉霞和靳菁（2006）介绍了融资结构理论的发展，从早期融资结构理论，到现代融资理论基石的 MM 理论，再到融资优序理论、激励理论、控制权理论等新的融资理论。张学洪和章仁俊（2010）阐述了完全契约框架下的融资结构理论（代理理论、信号传递理论和优序融资理论），以及不完全契约框架下的融资结构理论（交易费用经济学 TCE 和产权理论 PRT），以期为社会制度和经济体制转型背景下关注我国企业融资问题的人士提供新的视角和研究参考。王姝和宋丽敏（2017）从西方融资结构理论入手，基于企业融资结构理论的作用机理，结合企业创新融资活动的特有属性，总结企业融资结构理论在我国企业创新融资研究中的运用、演化与发展，通过比较与归纳分析，从外部环境方面提出解决企业创新融资困境的建议。国内学术界应在借鉴西方融资结构理论的基础上，从我国当前国情出发，探索出更有价值的适合我国企业实际的融资结构理论。

2.2.2　关于融资结构特征和影响因素的相关研究

2.2.2.1　国外关于融资结构特征和影响因素的相关研究

国外学者从不同角度探讨了融资结构影响因素，主要包括企业规模、盈利能力、行业因素、偿债能力、成长性、企业风险、企业所得税、资产结构、资产担保价值、产品独特性、股本结构、非负债税盾、宏观经济因素等。

拉古拉姆·拉詹和路易吉·津加莱斯（Raghuram G. Rajan & Luigi Zingales，1995）对美国、英国、法国、德国、日本、加拿大、意大利 7 大工业化国家上市公司的融资结构进行了分析研究，研究结果显示：融资结构受不同国别企业特征因素的影响；除德国以外企业规模与负债比率呈正相关关系；盈利能力与美国、日本、英国、加拿大企业的资产负债率之间存在负相关关系，随着企业规模的扩大这种关系不断加强；制度特征影响企业融资政策的选择。劳伦斯·布斯等（Laurence Booth et al.，2001）以 10 个发展中国家企业（巴西、墨西哥、印度、韩国、约旦、马来西亚、巴基斯坦、泰国、土耳其和津巴布韦）为主要研究对象，将发展中国家企业的融资结构与发达国家进行了对比，通过研究发现：影响发展中国家企业负债比率的因素，与影响发达国家的因素相似，而且作用方式也相似；与发达国家相比，发展中国家企业的长期负债比率要更低；发展中国家企业的融资结构会受到国家的宏观经济情况、国内生产总值增长速度、制度政策、资本市场发展水平、通货膨胀率等因素的影响；处于不同行业企业的融资结构也存在着较大差异；除津巴布韦外，其他发展中国家的企业绩效与负债比率具有显著负相关关系。贝文和丹博尔特（Bevan & Danbolt，2001）以1054家英国上市公司为研究样本，利用其1991~1997年的相关数据，运用实证研究的方法，通过研究发现：企业规模、盈利能力、成长机会和资产结构是影响企业融资结构的主要因素，企业规模与负债水平呈正相关关系。

默里·弗兰克和维德汉·戈亚尔（Murray Z. Frank & Vidhan K. Goyal，2003）选择美国非金融企业作为研究对象，利用其1950~2000年的财务数据，通过实证研究发现：企业绩效与市场价值财务杠杆之间呈现负相关关系，与账面价值财务杠杆呈正相关关系。塞缪尔和弗兰克（Samuel & Frank，2003）实证研究了影响中国上市公司融资结构的因素，通过研究发现企业成长机会与其负债率显著负相关。陈健和罗杰·斯兰奇（Jian Chen & Roger Strange，2006）对2003年中国上市公司的数据资料进行分析研究，结果显示：盈利好的公司采取较低的资产负债率，债务融资比率与企业绩效显著负相关。伯杰和帕蒂（Berger & Patti，2006）通过对美国银行业企业的研究发现：负债比率的提高可以显著改善企业绩效，而企业绩效对融资结构具有非线性的影响。金娜·马祖尔（Kinga Mazur，2007）利用波兰上市公司2000~2004年的财务数据进行分析，研究结果显示：企业内部存在许多影响融资结构的关键因素，企业的资产结构、盈利能力、发展能力、规模等因素对融资结构有显著影响，波兰上市公司的融资行为符合优序融资理论。默里·弗兰克和维德汉·戈亚尔（Murray Z. Frank & Vidhan K. Goyal，2009）利用1950~2003年美国公司的数据，通过研究发现：融资结构受很多因素的影响，其中包括国家预期的通货膨胀，同时提出企业应有适中的实际资产和账面资产比率。迪米特里斯·马加里蒂斯和玛丽亚·普西拉基（Dimitris Marga-ritis & Maria Psillaki，2010）通过研究揭示资产负债率和公司绩效存在倒 U 型关系。

维韦克·曼德等（Vivek Mande et al.，2012）通过研究指出，企业利用债务融资可以对公司治理产生积极的影响，可以降低融资成本，由于存在严重的信息不对称问题，企业一般将股权融资作为最后一种融资选择，企业在进行融资方式选择时，选择债务融资比股权融资更能给企业带来好处。阿卜杜勒·拉希德（Abdul Rashid，2013）以 102 家英国能源上市公司为研究对象，利用其 1981~2009 年的数据，通过研究发现：行业特征和宏观经济的不确定性影响公司的财务杠杆水平，盈利能力高的企业可以减弱财务杠杆效应的不确定性，拉希德认为稳定的宏观条件和业务活动是企业保持合理融资结构的重要条件。桑塔努·甘古利（Santanu K. Ganguli，2013）基于代理理论，探讨了公司股权结构对资本结构的影响，通过研究发现：企业股权结构越集中，其管理层在融资时会更多地考虑代理成本，避免股权被稀释，其研究结果与防御管理假说和优序融资理论一致。金敏珠等（Minjoo Kim et al.，2014）通过研究发现：规模大、成长性高的企业具有更高的融资结构调整速度。片桐满（Mitsuru Katagiri，2014）基于动态权衡理论对企业融资结构进行研究，通过研究发现：企业规模大小、营运性和盈利性影响企业融资结构，而税收优惠对企业融资结构的影响不显著。桑德拉·克莱默和加里·约翰·普雷维茨（Sandra Kramer & Gary John Previts，2015）通过研究发现公司适用税率与负债比率正相关。穆罕默德·阿利普尔等（Mohammad Alipour et al.，2015）选取伊朗的非金融上市公司为研究对象，通过研究发现：企业的资产结构、规模大小、流动性、盈利能力、发展能力、金融灵活性、风险和国有股权均影响企业的融资结构。

2.2.2.2 国内关于融资结构特征和影响因素的相关研究

20 世纪 90 年代后，国内学者基于不同的研究视角、研究思路、研究方法、研究对象，对融资结构的改革、融资结构的优化、融资结构影响因素以及对某类企业、某个行业企业、某个区域企业融资结构状况进行了大量理论和实证研究。

从 1994 年起，中国的企业改革进入一个新的阶段，钱颖一（1994）基于此背景探讨了企业的治理结构改革和融资结构改革问题，提出企业治理结构和融资结构的改革不应按照单一模式进行。陆正飞与辛宇（1998）选择沪市 A 股上市公司为研究样本，研究影响上市公司资本结构的主要因素，研究结果显示：行业因素显著影响样本公司资本结构；1996 年，沪市机械与运输设备业上市公司获利能力与负债比率呈现负相关关系；公司规模、资产担保价值、成长性等因素对资本结构的影响不显著。黄少安和张岗（2001）通过对我国上市公司融资结构的分析，发现我国上市公司存在强烈的股权融资偏好，公司股权融资偏好的直接动因是公司股权融资的成本低于债务融资的成本，深层的原因是现行的制度和政策，强烈的股权融资偏好对公司融资后的资本利用效率、公司成长和公司治理、投资者利益以及宏观经济运行等方面都有不利影响。李善民和刘智（2003）从融资成本、公司经营特征、公司内部治理、外部制度环境等因素对上市公司资本结构的影响，对国内的相关研究成果进行了梳理和综述。王玉荣（2005）选取 1998～2003 年在沪深证券交易所上市的 A 股非金融类上市公司为研究对象，研究了影响我国上市公司融资结构的主要因素，通过研究发现：我国上市公司的资产负债率与其获利能力、非债务税盾、收入的波动性具有负相关关系，而与企业规模、成长性、有形资产的比率、非流通股比率具有正相关关系，国家的宏观经济环境对上市公司融资决策具有重要的影响。

贺伊琦（2009）结合资本市场环境探讨了所得税对我国上市公司资本结构的影响：（1）认为税收对融资公司资本结构的影响是税收微观作用机制的结果，税收对资本市场的影响是税收宏观作用机制的表现；（2）分别从现金流量与资本成本两个方面研究了所得税对公司资本结构的影响，分析了所得税影响公司资本结构的作用机理：所得税—影响公司现金流量与资本成本—影响公司资本结构决策—公司治理结构安排—公司资本结构决策调整；（3）构建了同时考虑融资公司所得税、股东股利所得税、债权人利息所得税和股票转让资本利得税的公司资本结构决策模型。曹裕等（2009）利用我国

354 家上市公司 2002~2007 年的财务数据，研究处于不同生命周期阶段的企业融资结构特征、差异性和引起差异的原因，通过研究发现：处于不同生命周期阶段的上市公司融资结构存在显著差异；流动负债率在成熟期相对较高，但与成长期的差别较小，长期负债率在成长期相对较高；公司的长期负债率与其自身的资产担保价值密切相关，流动负债率与公司业绩、公司规模、成长性和内部治理密切相关。

肖作平和廖理（2012）利用我国非金融上市公司截面数据，实证研究了终极控制股东、法律环境与融资结构选择之间的关系，研究结果显示：终极控制股东是国有公司者，其总负债水平和银行借款显著低于终极控制股东是民营等非国有公司者；商业信用水平不受终极控制股东和法律环境的影响；现金流量权和控制权分离度低的公司具有显著高的总负债水平和银行借款；法律环境好的地区的上市公司具有显著低的总负债水平和银行借款；终极控制股东与融资结构选择之间的关系受法律环境的影响。钟田丽等（2014）基于资产专用性理论，分析了人力资源、专有技术及专用设备、R&D 创新资金以及产品差异化等企业创新的各投入要素对创业板上市公司融资结构选择的影响，研究结果显示：我国创业板上市公司各创新投入要素和融资结构选择具有相互影响的负相关关系。文学舟和关云素（2017）以江苏省小微企业为研究对象对其融资问题进行了实证分析，通过研究发现：小微企业仍存在融资需求大、融资成本高、融资渠道狭窄等问题；政府的政策支持是改善小微企业融资问题的最有效力量；银行金融服务、担保机构参与都会显著影响小微企业的融资行为；小微企业自身对其融资行为影响缺乏显著性。

魏哲海（2018）实证分析了管理者过度自信、资本结构与公司绩效之间的关系，他利用性别、年龄、学历以及两职合一等个人特征数据综合得分衡量管理者过度自信程度，研究结果显示：（1）过度自信的管理者在进行资本结构决策时倾向于采用负债融资；（2）上市公司资本结构和公司绩效间具有显著的负相关关系；（3）对于不同行业的上市公司来说，管理者过度自信程度对公司资本结构的影响程度不同，在能源、医疗保健和公用事业行业中，管理者过度自信对公司资本结构的影响并不显著。周晓光等（2018）选取沪深股市 159 家文化创意上市公司为研究对象，利用其 2012 ~ 2016 年的面板数据，采用固定效应模型和动态面板模型，研究了文化创意产业融资结构的影响因素，通过研究发现：无形资产持有率与资产负债率具有正相关关系；盈利能力与资产负债率具有负相关关系；而企业规模、股权结构、成长性与资产负债率之间关系不显著；资产负债水平存在自我调节机制，滞后两期资产负债率对当期资产负债率产生影响，存在反应时滞。

通过对国内外学者的相关研究文献进行梳理，可以发现，影响企业融资结构的主要因素既有制度与环境等外部因素，也有反映企业特征的微观因素。制度与环境因素主要包括：经济发展水平、通货膨胀情况、法律制度、会计制度、金融体制以及证券市场的发展状况等；微观因素主要包括企业的盈利能力、行业特征、企业规模、成长性、资产结构、股权结构、股权流通性质、非负债税盾、税率等。

2.3　财务可持续增长与融资关系的相关文献综述

企业为保持财务可持续增长必然需要资金的支持，没有可靠的资金来源、充足的资金量，企业不可能实现财务可持续增长，财务可持续增长正是以融资所产生的财务资源为基础的，财务可持续增长与融资之间有着必然的联系，企业融资策略的制定应当充分考虑到企业财务可持续增长的要求。随着财务可持续增长理论与融资结构理论的不断发展成熟，国内外学术界对融资与财务可持续增长之间关系的研究也越来越多。

2.3.1　国外相关研究综述

罗伯特·希金斯教授（1977）在其专著《财务管理分析》中阐述了企业各个生命周期阶段的资金需求，并以阿纳罗格设备公司为例，分析了当企业实际增长率与可持续增长率不一致时，企业应当采取的融资策略。希金斯认为，从长远来看，企业的增长速度是受限于其财务可持续增长率的，依靠调整融资策略是无法长期维持高增长率的，企业应当在财务资源的限度范围内把握合适的增长速度，企业必须重视过度增长或增长不足可能引起的财务问题。希金斯教授的研究体现了可持续增长与融资之间的内在联系。根据詹森和麦克林（Jenson & Meckling，1976）的代理成本理论，企业应当权衡不同融资方式的代理成本，各种代理成本之和最小的融资结构是最优的。债务融资需要到期偿还本金和按期支付利息，对企业管理者具有约束作用，能够减少管理者挥霍企业资金，能够提高企业资金的利用效率，有利于提升企业价值，因而负债的信号作用是积极的，债务融资更能促进企业增长。然而，从负债本身的代理成本角度来看，高成长的企业进行债务融资可能产生更高的代理成本，所以相对于低成长的企业，高成长企业的债务资金应当更少。

斯蒂芬·罗斯等在其专著《公司理财》中，指出虽然可持续增长模型存在一定的局限性，如假设条件过于严格，但该模型是规划企业长期融资策略的必要工具，将其用于企业的融资决策中仍有重要的参考价值，可用于指导企业融资策略的制定。拉詹（Rajan，1992）在研究中发现，当企业使用长期负债时对市场变化反应比较迟钝，如果短期负债市场竞争充分，使用长期负债往往会导致更高的融资成本。丹尼尔·克莱茵和布莱恩·贝尔特（Daniel P. Klein & Brian Belt，1993）利用 Logit 分析方法，对销售增长高于可持续增长水平的公司进行了研究，通过研究发现：这些公司选择支持销售收入增长的资金来源顺序与梅耶斯的"优序融资理论"一致，即首先是内部留存收益，其次是外部债务融资，最后才是股权融资。杰拉德·卡普里奥和阿斯利·德米格·库特（Gerard Caprio & Asli Demirgüç-Kunt，1998）在研究中发现企业长期债务资金比短期债务资金能够支持更高的销售增长。阿斯利·德米格·库特和沃吉斯拉夫·马西莫维奇（Asli Demirgüç-Kunt & Vojislav Maksimovic，1998）研究了法律和金融体系的差异如何影响企业利用外部融资来为增长提供资金，通过研究发现：在法律体系效率指数得分较高的国家，更多的公司使用长期外部融资；企业在使用外部融资时，以债务融资为主能够提高企业的增长率，但企业利润率与外部融资依赖度呈显著负相关关系。贾亚斯里·杜塔和桑德普·卡普尔（Jayasri Dutta & Sandeep Kapur，1998）通过研究发现：企业的债务融资与收入增长正相关，并且债务融资有利于克服过度投资，对增长的促进作用要高于股权融资。

帕纳约提斯·阿塔纳索格鲁等（Panayiotis P. Athanasoglou et al.，2006）选取 1998 ~ 2002 年在雅典交易所上市的希腊非金融公司为研究对象，研究结果表明：在样本公司中只有很少一部分公司仅依靠内部融资来支持增长，调查结果因公司规模而异；对于那些不得不依靠外部融资的公司，短期融资要比长期融资更受青睐，虽然小公司和大公司对短期债务的需求没有显著差异，但大公司对额外长期债务的需求显然更大；企业的资本结构（债务资产比）与盈利能力负相关，有形资产和公司规模与债务资产比显著正相关，而短期资产只对短期外部融资具有正向影响。汤姆·瓦纳克和索菲·曼尼加特（Tom R. Vanacker & Sophie Manigart，2010）利用高增长企业 8 年的财务数据对其融资决策进行了研究，通过实证研究发现：盈利的企业更倾向于使用留存收益来支持企业的投资活动，即使其仍拥有未使用的举债能力；而对于那些负债水平高、现金流有限、高风险、有较高的无形资产投资水平的亏损企业来说，主要依靠的是外部股权融资，他们认为发行新股会使高增长企业以超出其偿债能力的速度增长。穆罕默德·拉哈曼（Mohammad M. Rahaman，2011）通过对上市公司和非上市公司的样本进行研究发现：融资结构对公司增长的影响在统计上十分显著；由于外部融资的约束作用，企业更多依靠内部融资来支持增长，但是内部融资对公司增长的促进作用会随着外部银行借款的增加而减小；随着外部融资约束作用的减弱，企业会较少地使用内部融资，而转向利用外部融资作为支持其增长的主要资金来源。

2.3.2 国内相关研究综述

从 21 世纪初开始，国内学术界对融资与财务可持续增长之间关系的研究也越来越多，国内学者基于不同的研究视角、研究思路、研究方法和研究对象，对两者间的关系进行研究，已经取得了较为丰富的研究成果，不仅拓宽了后续研究者的思维空间和研究思路，而且为企业管理决策提供了有益的指导。

谈儒勇（2001）选取我国电子信息行业上市公司为研究对象，通过研究发现外部融资对企业增长有明显的促进作用，提出企业应充分利用各种融资渠道，提高外部融资占总资产的比重，应合理搭配各种融资方式，应注意债务融资与权益融资比不宜过高。郭泽光和郭冰（2002）从企业财务目标出发，分析了影响企业增长的决定性因素，将可持续增长率作为企业平衡增长的财务指标，分析了公司发行新股融资与企业增长的关联、债务融资与企业增长的关联，最后提出了当企业过快增长与增长不足时可以采取的融资策略。沈坤荣和张成（2003）选择1998年之前在上海证券交易所上市的92家公司为研究样本，分析了企业的外源融资与企业成长的关系，在研究中首次区分了流动负债和长期负债对收入增长的影响，通过研究发现：长期负债有利于促进企业收入的增长，由于流动负债会加大企业的流动性风险，不利于促进企业收入的增长，股权融资不能直接有效推动企业收入增长。陈文浩和朱吉琪（2004）在介绍增发新股情况下的可持续增长模型的基础上，选取1999～2001年增发新股的上海证券交易所上市公司为研究样本，通过研究发现：公司增发新股有利于提高当期的可持续增长率，不利于提高未来期间的可持续增长率，其未来的可持续增长主要受公司的股利政策与股本结构以及投资项目资产净利率的影响。田中禾和张华（2006）基于企业可持续增长模型，揭示了可持续增长率的四个影响因素之间的关系，四个因素变动的起点是销售净利率的变动，最终落脚点为产权比率表示的企业融资结构的变动，并提出了有利于实现企业财务平衡增长的融资结构优化路径，从而为我国企业的融资决策提供新的思路。

陈建（2009）探讨了财务可持续增长模型和经济增加值模型与融资结构的关系，并分析了两种理念对融资结构优化的指导意义。武怀忠和王爱光（2009）以可持续增长模型为基础，通过实证分析来验证我国上市公司股权融资的财务合理性，并检验股权融资资金的利用效率，研究结果显示：大多数公司的股权融资在财务上存在不合理性，公司融资前并不真正具有内在的资金需求，上市公司 IPO、增发、配股融资资金的利用效率都有所下降。王丽娟和梁晓娟（2012）分析了可持续增长速度与企业融资的关系，通过研究发现：（1）流动负债的增加对高增长企业的增长具有显著的促进作用，而对低增长企业的促进作用很小，且对有效的低增长企业促进作用不显著；（2）留存收益对有效的高、低增长企业的增长速度都发挥主要促进作用，是各项资金增量中促进作用最大的；（3）长期负债对高增长组的增长速度有一定的促进作用，对低增长组没有促进作用，短期负债比长期负债更能促进企业的增长；（4）权益融资对高增长组的增长速度促进作用不大，但对低增长组的促进作用很大。宫哿（2013）选取房地产上市公司为研究对象，以财务可持续增长模型为出发点，对样本公司可持续增长与融资相关性进行实证分析，并提出了实际增长率高于或低于可持续增长率时企业可以采取的融资策略。郝晓雁（2013）利用我国上市公司 2009~2012 年的相关财务数据，研究融资约束与企业可持续增长之间的关系，研究结果显示：我国上市公司存在明显的融资约束现象；公司盈利能力、股权集中度、发展能力与可持续增长存在正相关关系；国有化程度对可持续增长影响不显著；公司规模、代理成本、偿债能力、流动能力、公司价值对企业的可持续增长没有显著影响。

陈绮如（2014）采用文献研究和案例分析相结合的方法，研究了负债融资对企业可持续增长的影响，认为一方面负债融资直接影响到企业所能控制的财务资源，另一方面由于负债融资会改变企业管理者和所有者的行为模式，进而间接地影响企业的经营效率，负债融资通过影响企业的财务资源和经营效率，进而对企业的可持续增长率产生影响。熊豪文（2016）选取房地产业上市公司保利地产为研究对象，将价值创造、可持续增长和融资方式的选择三者结合起来进行研究，计算企业不同年度的经济增加值和可持续增长率，由计算结果得出不同年度所处的不同象限，并以 EVA/SGR 矩阵为依托，分析企业现有融资策略的适用性，提出以价值创造和可持续增长为目标的融资策略。高丹（2017）研究了中小企业的融资结构、研发投入与企业可持续增长之间的关系，实证研究结果显示：（1）融资结构与企业的可持续增长存在显著相关关系，其中，内源融资与企业的可持续增长显著正相关，债务融资与企业的可持续增长显著负相关，股权融资与企业的可持续增长显著正相关；（2）内源融资与研发投入正相关，债务融资与研发投入负相关，股权融资与研发投入正相关；（3）研发投入对企业可持续增长产生正向的影响，且具有一定的滞后性；（4）融资结构会通过研发投入间接作用到企业可持续增长上。李文汐（2018）以融资相关理论和财务可持续增长理论为基础，以 T 集团为研究对象，分析其融资现状及存在的主要问题，分别对 T 集团近期和中长期的融资策略进行优化设计，以促进公司实现可持续增长的目标。

2.4　国内外相关研究述评

通过对国内外相关研究文献进行梳理可以发现，国内外学者从不同角度对企业财务可持续增长问题和融资结构问题进行研究，取得了很多有价值的研究成果，使财务可持续增长理论和融资结构理论在不断研究中逐步完善和发展，为企业管理层做出合理的财务决策提供了有益的指导。国外学者在企业财务可持续增长的理论研究方面成果丰硕，并建立了企业财务可持续增长的定量分析模型，国内学者的研究起步较晚，刚开始主要借鉴国外的研究成果，后来逐步考虑了我国企业的实际情况，在此基础上对我国企业财务可持续增长问题进行研究，并开展了大量的实证分析。国外学术界对企业融资结构问题的研究起步较早，已经形成了许多经典的融资结构理论，与国外相比，国内对融资结构问题的研究起步较晚，无论是深度还是广度都存在一定的差距，但是通过多年的不懈努力，在借鉴国外研究成果的基础上，结合我国国情和我国企业特征，做了很多有价值的研究。由于企业实现财务可持续增长必然需要资金的支持，随着财务可持续增长理论和融资结构理论的日益成熟，企业增长中的融资问题开始受到国内外学者的重视，学术界也越来越关注融资与财务增长之间的关系，国内外学者基于不同的研究视角、研究思路、研究方法和研究对象，对融资与增长之间的关系进行研究，尽管他们在研究中得出的结论并不完全一致，但仍为企业管理层提高增长水平、优化融资决策提供了一定的参考。综合国内外相关研究现状，还有以下一些问题值得进一步思考。

（1）从理论上揭示融资与企业财务可持续增长之间的内在联系。关于企业财务可持续增长问题的研究缺乏经典融资理论的支持，现有研究对支撑财务可持续增长的财务资源的分析较少，现有研究主要集中在企业经营效率、财务政策与财务可持续增长之间的关系上，从理论上揭示融资与企业财务增长之间内在联系的研究较少，对如何适时调整融资结构来实现财务可持续增长的研究就更少，使企业管理人员在增长管理的融资决策中缺乏理性认识，进而影响企业资源的配置和管理效率。

（2）不同融资方式与企业财务增长之间的关系研究。在研究融资方式与企业增长之间的关系时，国内外学者往往就某一融资方式对财务增长的影响进行研究，而很少将企业常用的融资方式（内源融资、流动负债、非流动负债和股权融资）各自对财务增长的影响进行比较研究。我们有必要结合我国实际情况，来研究不同融资方式与企业财务增长之间的关系，揭示不同融资方式对企业财务增长的影响，以此作为企业选择融资方式的依据，从而为企业做出合理的融资决策以实现财务可持续增长提供借鉴。

（3）分行业对不同融资方式与财务可持续增长之间的关系进行实证研究。学术界主要是从理论上分析融资与企业增长之间的关系，国内外学者很少分行业研究不同融资方式与财务可持续增长之间的关系，对不同行业的融资方式与财务可持续增长之间的关系进行实证研究的就更少。在国内采用实证方法也主要是研究融资与利润增长率、资产使用效率的关系，对于上市公司融资与财务可持续增长之间关系的实证研究较少。我们可以利用不同行业上市公司的财务资料对其融资方式与财务可持续增长之间的关系进行实证研究，并对不同行业进行对比分析。

（4）将企业的融资目标定位于财务可持续增长，用实证方法来研究农业上市公司融资结构与财务可持续增长之间的关系。从当前企业实际情况来看，企业在进行融资方式的选择和融资结构安排时，通常忽视了财务可持续增长的要求和制约作用，而这一问题在我国农业企业中表现得较为突出，从财务可持续增长的视角来研究融资问题，能够揭示财务增长与融资之间的内在联系，能为企业正确认识和把握增长、确定合理的融资结构提供依据。但学术界现有研究中将农业企业融资结构与财务可持续增长相结合的研究很少，所以，将农业企业财务可持续增长与融资结构问题结合起来尚有较大的研究空间，也为本书的研究提供了突破口。

第3章

财务可持续增长与融资结构
相关理论分析

本章为财务可持续增长与融资结构理论基础部分，首先阐述财务可持续增长的概念，介绍四种经典的财务可持续增长模型；其次介绍融资、融资结构的概念以及融资结构的相关理论，为探究财务可持续增长和融资的内在联系奠定基础；最后通过分析财务可持续增长与融资之间的内在联系，提出基于财务可持续增长的融资目标，并分析财务可持续增长模型中的融资理念。本章为后面实证分析部分提供理论支撑。

3.1 财务可持续增长理论基础

3.1.1 财务可持续增长的概念

企业以发展求生存，增长是一个企业本能的需求。一方面，企业可以通过增长来增加边际利润，进而提高企业的利润总额；另一方面，企业通过增长还能够有效地扩大市场份额，增强其市场竞争力，提高企业的生存能力。企业的增长离不开资金的支持，随着企业销售的增长需要增加对应收账款、存货和固定资产等资产的投资，企业为达到预期的销售增长需要增加资金的投入，销售增长得越多，需要的资金也就越多。企业资金的来源主要有留存收益、增加负债和增发股票等，只有当企业的资金增长与销售增长相互协调时才能使企业保持持续稳定增长。从资金来源的角度，我们可以把企业实现增长的方式分为以下三种。

（1）完全依靠内部资金实现增长。这里主要包括企业内部实现的留存收益和随销售自然增加的负债（如企业的应收账款等），然而企业内部资金总是有限的，其能支持的销售增长往往不能完全满足企业成长的要求，往往会使企业失去一些充分扩大财富的机会。在这种增长方式下，企业的增长是最可靠的，风险也是最小的，然而企业能够获得的财务资源也是有限的，其增长会受到一定的约束。

（2）主要依靠外部资金实现增长。在这里，企业主要通过发行股票吸收股权资本和增加负债吸收债务资本来作为企业的外部资金来源。在这种增长方式下，虽然企业会由于财务资源的增加在一定程度上实现销售规模的增长，然而这种增长往往不能够持久，因为外源融资的可靠性不如内源融资，而且其对企业财务结构的影响也是企业必须重视的问题。企业增加股权资本融资，会削弱原有股东对企业的控制，同时会加大企业的资本成本，而且如果获取收益的增长幅度低于新股增长幅度，还会相对降低企业资产收益率，造成每股收益下降、股价下跌，进而影响股东利益，影响企业的再融资能力。企业增加负债资本融资，会加大企业的财务风险，增加企业的偿债压力，降低企业再融资的能力。可见，这种增长方式的弊端是显而易见的。

（3）财务可持续增长。鉴于上述两种增长方式带来的问题，绝大部分企业都不愿意将外源融资作为其财务规划的一个常规内容，但是又不希望销售增长因为资金来源不足而受到限制。这就要求采取企业销售增长与企业财务资源增长相协调的方式，即财务可持续增长，也就是指企业在维持目前经营效率和财务政策、不耗尽财务资源的条件下，依靠企业内部实现的留存收益，实现的"利润滚存"式增长。

财务可持续增长是企业财务管理中的重要内容，企业必须认清其自身财务资源的有限性，在销售额目标与财务资源和经营效率方面搞好平衡，才能实现持续健康的增长。我国对企业财务可持续增长问题的研究起步较晚，而且主要是借鉴西方的理论观点，国外最具代表性的观点是两位美国财务学家罗伯特·希金斯教授和詹姆斯·范霍恩教授。财务可持续增长率的概念最早由美国财务学家罗伯特·希金斯在 1981 年提出，他将企业财务可持续增长率定义为："在不需耗尽企业财务资源的情况下，企业的销售能够增长的最大比率。"希金斯认为财务可持续增长率是企业在现有的经营效率与财务政策下所具有的增长能力，是一个综合性的财务指标，企业可以利用这个指标进行财务分析。希金斯教授认为在维持一定比例资本结构下，负债随股东权益的增长而增长，他透过现象看到本质，认为股东权益的增长速度限制了销售的增长速度。

另一位美国财务学家詹姆斯·范霍恩教授将企业财务可持续增长率定义为"维持与公司现实和金融市场情况相一致的销售增长率"。因为企业资金的运用必须等于资金的来源，企业股东权益和负债的增长速度会决定企业资产的增长速度，而企业资产增长的速度又会限制企业销售额的增长速度。范霍恩教授以资产的增加等于负债和股东权益的增加为出发点，从负债和股东权益两个方面进行考虑，根据不同的经济环境分别建立了关于财务可持续增长的稳态模型和动态模型。

希金斯教授和范霍恩教授提出的财务可持续增长概念揭示了企业的增长速度和财务资源之间的协调平衡关系，反映了企业应当在财务资源的限度范围内把握合适的增长速度，由于企业的增长速度要受到它的财务政策和经营效率的限制，企业经营效率的提高是有限度的，而企业的财务政策也不能够经常改变，因此，他们都认为企业的增长速度总体来说是受限于其财务可持续增长率的。企业管理者可依据财务可持续增长理念制定合适的财务管理策略，企业的实际增长率并不是不可以高于或低于可持续增长率，而是要求当两者不一致时相应调整财务策略，使财务增长与财务资源相平衡。西方财务学界一般把企业可持续增长率定义为企业销售收入的可持续增长率，他们认为在企业内部管理效率和外部市场环境不变的情况下，企业销售收入的增长取决于企业资产的增长，而企业资产的增长等于企业负债和股东权益增长之和。所以，如果不考虑企业内部管理效率和外部市场环境的变化，不增发新股筹集资金，而且不改变企业财务政策，则企业的销售增长率应该等于企业资产的增长率，也等于企业权益的增长率。由于企业的销售增长能够综合体现企业资产、股利和收益等的增长，因此，本书在确定企业财务可持续增长时，以销售增长来代表企业的增长，在本书中的财务可持续增长率专门指企业的销售可持续增长率，这与希金斯教授和范霍恩教授对财务可持续增长率的定义是一致的。

企业财务增长与企业融资之间有着必然的联系，企业要扩大规模、实现既定销售增长，首先需要考虑的是融资问题，这不仅包括融资的数量，还包括融资渠道的稳定性、可靠性以及融资结构的合理性。财务可持续增长正是以融资产生的财务资源为基础，因此，财务可持续增长的逻辑起点是资金来源问题，即融资问题。

3.1.2　财务可持续增长模型

财务可持续增长模型是计算企业财务可持续增长率的依据，为研究企业财务可持续增长能力提供了便利。国外财务学界比较经典的财务可持续增长模型主要有两大类：一类是基于会计口径的财务可持续增长模型，以"资产 = 负债 + 所有者权益"的会计等式为基础推导可持续增长率的计算公式，主要有美国财务学家罗伯特·希金斯教授的财务可持续增长模型和詹姆斯·范霍恩教授的财务可持续增长模型。另一类是基于现金流口径的财务可持续增长模型，考虑了现金流和增长率之间的关系，从而建立相应的模型，主要有拉巴波特的财务可持续增长模型和科雷的财务可持续增长模型。

3.1.2.1　罗伯特·希金斯的财务可持续增长模型

罗伯特·希金斯教授的财务可持续增长模型有三个假设前提：第一个是企业打算按照与市场条件允许下的增长率同样的比率来增长；第二个是企业已经有而且计划继续保持目标资本结构与目标股利政策；第三个是管理者不可能或者不愿意发行新股。希金斯教授将财务可持续增长率（SGR）定义为

"在不需用尽企业财务资源的情况下，企业的销售可以增长的最大比率"。希金斯教授认为在满足一定假设的前提下，企业销售增长的关键就在于企业资产的增长，企业资产的增长速度会限制企业销售额的增长速度，根据"资产 = 负债 + 所有者权益"的会计等式，股东权益和负债的增长速度会限制企业资产的增长速度，所以企业的权益增长率、资产增长率和销售增长率这三者是相等的，销售增长可以综合反映企业资产与权益的增长，所以利用销售增长来代表企业的增长。希金斯教授以企业保持最优资本结构为出发点，将负债的增长看作是随股东权益的增长而且在保持一定比例资本结构下的因变量增长，他认为股东权益的增长速度限制了销售的增长速度，销售增长率与股东权益增长率一致。希金斯教授的模型如下所示：

$$\text{财务可持续增长率} = \text{股东权益的增长率} = \text{股东权益的变动额／期初股东权益}$$

$$= \text{本期增加的留存收益／期初股东权益}$$

$$= \frac{\text{净利润}}{\text{销售收入}} \times \frac{\text{销售收入}}{\text{资产总额}} \times \frac{\text{留存收益}}{\text{净利润}} \times \frac{\text{资产总额}}{\text{期初股东权益}}$$

$$= \text{销售净利率} \times \text{总资产周转率} \times \text{留存收益率} \times$$

$$\text{期初权益乘数}$$

$$= P \times A \times R \times T \qquad\qquad (3-1)$$

其中，P = 销售净利率；A = 总资产周转率；R = 留存收益率；T = 期初权益乘数；SGR = 财务可持续增长率。

从希金斯的财务可持续增长模型可以得知，财务可持续增长率为销售净利率、总资产周转率、留存收益率和期初权益乘数四个变量的乘积。销售净利率是揭示企业盈利能力的重要指标；总资产周转率反映了企业的营运能力，它揭示了企业全部资产的管理质量与利用效率；留存收益率反映了企业资金积累能力，该比率从另一个角度反映了企业的股利分配政策；权益乘数反映了所有者投入的资本占总资产的比重，揭示了企业的融资结构状况。希金斯教授把反映企业经营效率和财务政策的指标结合起来反映企业增长的限制，财务可持续增长率是企业经营效率与财务政策共同作用的结果。希金斯的财务可持续增长模型通过四个变量综合反映了企业的财务管理活动，为企业提供了一个销售与资金平衡增长的参照标准，为企业采取合理的财务管理策略提供了依据。

3.1.2.2　詹姆斯·范霍恩的财务可持续增长模型

詹姆斯·范霍恩教授对财务可持续增长率的定义是"保持与公司现实和金融市场状况相一致的销售增长率"。他认为在企业内部管理效率和外部环境不变的情况下，企业销售收入的增长取决于企业资产的增加，而企业资产的增加必须等于企业负债和股东权益的增加，即资产增加＝负债的增加＋股东权益的增加。企业资产的增加可以用销售收入的增加乘以销售资产比例来表示；而股东权益的增加可以用销售总额乘以销售净利率再乘以留存收益比率来表示；同时，负债的增加可以使用股东权益乘以负债权益比率来表示。根据不同的经济环境，范霍恩教授分别建立了关于财务可持续增长的稳态模型和动态模型。

（1）稳态模型。范霍恩教授的稳态模型和希金斯教授的财务可持续增长模型在基本思路和假设条件上是一致的，两者都是根据"资产的增加＝负债的增加＋股东权益的增加"得出，它们的本质是相同的，只是形式有所差别。希金斯教授的模型是根据期初股东权益计算得出，而范霍恩教授的稳态模型是根据期末股东权益计算得出。

根据"资产的增加＝股东权益的增加＋负债的增加"可以得出：

$$\Delta S \times (A/S) = (\Delta S + S_0)(NP/S)\ b + (\Delta S + S_0)(NP/S)\ b\ (D/E_q) \tag{3-2}$$

将式（3-2）整理后得到：

$$SGR = \frac{\Delta S}{S_0} = \frac{b\ (NP/S)(1 + D/E_q)}{(A/S) - [b(NP/S)(1 + D/E_q)]} \tag{3-3}$$

其中，变量解释如下：SGR＝可持续增长率；S_0＝基期销售额；ΔS＝销售额的增加额；A/S＝资产总额/销售额；NP/S＝净利润/销售额＝销售净利率；b＝留存收益率，1-b＝股利支付率；D/E_q＝负债/股东权益。

得出的财务可持续增长模型如下：

$$可持续增长率 = \frac{销售净利率 \times 总资产周转率 \times 留存收益率 \times 期末权益乘数}{1 - 销售净利率 \times 总资产周转率 \times 留存收益率 \times 期末权益乘数}$$

$$(3-4)$$

（2）动态模型。企业内外部环境的改变导致企业财务政策也在不断地调整，范霍恩教授放宽了稳态模型的假设前提，对希金斯财务可持续增长模型进一步拓展，构建出全新的动态模型，提高了模型的实用性。如果不再以稳定条件作为假设前提，此时认为企业可以发行股票，倘若企业实际上没有发行股票，就将发行数量视为零。范霍恩教授的动态模型的假设条件为：第一，企业销售增长与权益增长在整个时期内不平衡；第二，允许企业在一定年度内发行或者转让普通股，即发行在外的普通股股数可以改变；第三，企业制定股利政策时确定愿意支付相应的股利。该模型以基期销售额 S_0 和期初股东权益 E_{q0} 为基础数据，不再采用股利支付率的相对数形式来表示股利政策，而是采用股利发放额的绝对数形式，而且发行在外的普通股股数也可以变化，得出的财务可持续增长模型如下：

$$SGR = \frac{(E_{q0} + \Delta E - Div) \times (1 + D/E) \times (S/A)}{1 - (NP/S) \times (1 + D/E) \times (S/A)} \times \frac{1}{S_0} - 1 \quad (3-5)$$

其中，变量解释如下：SGR = 可持续增长率；S_0 = 基期销售额；E_{q0} = 期初股东权益；ΔE = 新筹集的权益资本；Div = 年支付股利的绝对值；S/A = 销售额/资产总额 = 资产周转率；NP/S = 净利润/销售额 = 销售净利率；D/E = 负债/股东权益。

范霍恩的动态模型放宽了股利支付率不变、不能发行新股的假设条件，强调可持续增长率是一个预期目标值，反映了企业在某一时点的状态，该模型比稳态模型稳健性差，但更接近实际。该模型反映：企业每年的经营环境都在改变，因此其可持续增长率的预算也应当逐年进行；企业某个年度的可持续增长率较高，这并不能够说明企业以后也会有较高的可持续增长率，除非相关变量都以相同的速度增减，否则可持续增长率就会逐年改变；通过发行股票获取资金，只要能够维持或者提高资金利用效率，在其他条件不变情况下，可以保持或者提高可持续增长水平。

3.1.2.3　拉巴波特的财务可持续增长模型

拉巴波特将企业增长与现金流量、价值创造相结合，从现金流量视角出发研究企业财务可持续增长。拉巴波特认为企业的财务目标是实现股东价值最大化，而股东价值的提升需要充足的现金流量作保证，企业现金流的不断增加能促进股东价值的持续提升。如果企业盲目追求高速增长，容易引起资金短缺，这样的增长不会增加股东价值，反而会减少股东价值。拉巴波特认为企业的增长是否具有持续性，对企业的价值创造有着重要影响，他认为可持续增长和持续价值创造是一致的，企业获得充足的净现金流量有利于实现持续性增长，从而促进股东价值的持续提升。在此基础上，拉巴波特提出"可承受的增长"这一概念，他重新建立了可持续增长模型，其模型的假设条件为：（1）企业不增发新股；（2）每元销售增长对应的投入资金需求增长、经营利润毛利率、股利支付率目标值和资产负债率目标值保持不变；（3）折旧用于维修费用。根据拉巴波特的假设条件以及计算模型，可以认为拉巴波特提出的可承受的增长就是指财务可持续增长。拉巴波特财务可持续增长模型的计算公式如下：

$$SGR = \frac{(NP/S) \times (1 + D/E) \times (1 - d)}{\dfrac{CE + WC}{S} - (NP/S) \times (1 + D/E) \times (1 - d)} \tag{3-6}$$

其中，变量解释如下：NP/S 为销售净利率，D/E 为产权比率，d 为股利支付率，CE 为资本投资支出产生的净现金流量，WC 为营运资本追加支出产生的净现金流量，CE + WC 为企业投资活动产生的净现金流量，S 为销售收入。

拉巴波特的可持续增长模型将企业增长和现金净流量、价值创造联系起来，从现金流入与现金流出出发计算可持续增长率，现金流量是影响企业增长的重要因素，可以通过现金流量提升企业可持续增长能力，该模型的优点是简单易懂，然而，该模型直接将净利润作为现金流入来源，引起了与实际不符的问题，缺乏一定的合理性，而且该模型的计算推导也存在一定的局限性。

3.1.2.4　科雷的财务可持续增长模型

科雷在其著作《公司战略》中对现金流量和企业增长率间的关系进行了

研究，他提出了"现金余额增长率"这一概念，指出当企业净现金流量为零时的增长率就是现金余额增长率，从本质上来看，现金余额增长率就是企业可持续增长率，科雷还建立了现金余额增长率的模型，科雷模型的假设前提为：（1）企业资产负债率保持稳定；（2）企业流动资产、流动负债、税前利润和固定资产随销售额同比例变动；（3）企业股利支付率保持不变；（4）企业折旧可以用于固定资产的再投资。科雷可持续增长模型如下：

$$SGR = \frac{(EBIT - I)(1 - t)(1 - d)(1 + D/E_q)}{NA_0 - (EBIT - I)(1 - t)(1 - d)(1 + D/E_q)} \qquad (3 - 7)$$

其中，EBIT 为息税前利润，I 为利息费用，t 为所得税税率，D/E_q 为产权比率，d 为股利支付率，NA_0 为期初净资产。

科雷指出，企业的净现金流量和实际增长率之间具有线性负相关关系，他认为企业现金余额的增长和实际增长率之间的关系决定了企业经营活动中是否会出现现金短缺。如果企业实际增长率小于现金余额增长率，实际增长较慢，企业有正的净现金流量，此时现金有所剩余，没有发挥最大效用；如果企业实际增长率大于现金余额增长率，实际增长较快，企业有负的净现金流量，此时现金流量不足，会引起资金短缺；如果企业实际增长率等于现金余额增长率，企业的净现金流量等于零，企业实现财务可持续增长，此时既没有由于现金短缺导致企业无法运营，也没有由于现金过剩影响企业资金利用效益。科雷指出了可持续增长率就是使企业净现金流量为零时的增长率。

3.1.2.5　财务可持续增长模型的比较

希金斯的财务可持续增长模型以股东权益增长率为出发点，强调企业在不增发新股时，企业的销售增长与股东权益的增长是同步的。范霍恩的财务可持续增长模型以销售增长率为起点，更强调可持续增长率是一个目标值，该值可用于计划决策，针对不增发新股的情况提出了"稳态模型"，针对增发新股的情况提出了"动态模型"。拉巴波特的财务可持续增长模型从股东价值出发，将企业的增长和股东价值联系起来，利用企业现金流入和现金流出计算使股东价值最大化的增长率。科雷的财务可持续增长模型从现金余额出发，研究了现金流量和增长率的关系，指出企业净现金流量和增长率之间具有线性负相关的关系。

（1）希金斯模型与范霍恩模型的比较。从本质上来看，希金斯教授的模型和范霍恩教授的模型的理论逻辑是一致的，二者均从会计恒等式出发，两个模型均建立在财务政策、经营效率保持稳定的假设基础上。希金斯教授的模型与范霍恩教授的稳态模型是一致的，两者可以相互转化，他们都认为企业在保持既定的经营效率（销售净利率、资产周转率）和财务政策（股利支付率、财务杠杆）的条件下，企业销售的增长速度等于其资产的增长速度，即负债与股东权益的平衡增长速度。因为企业资金的运用必须等于资金的来源，企业股东权益和负债的增长速度会决定企业资产的增长速度，因为随着销售的增长必然要增加对资产的投入，而企业资产增长的速度又会限制企业销售额的增长速度。由于企业的增长速度要受制于它的财务政策和经营效率，企业经营效率的提高是有限度的，而企业的财务政策也不能够经常改变，因此，他们都认为企业的增长速度总体来说是受限于其财务可持续增长率的。

由于范霍恩教授和希金斯教授对股东权益数额的取用不同，范霍恩教授选择期末股东权益来计算权益乘数，希金斯教授则选择了期初股东权益来计算权益乘数，从而导致了希金斯的财务可持续增长模型与范霍恩的稳态模型表达形式不同。实际上，根据期初股东权益与当期留存收益之和等于期末股东权益，就能够推导出两个财务可持续增长模型的计算结果是一致的，通过下面公式的转化可以看出：

$$
\begin{aligned}
&\text{希金斯财务可持续增长率}\\
&=\text{销售净利率}\times\text{总资产周转率}\times\text{留存收益率}\times\text{期初权益乘数}\\
&=\frac{\text{净利润}}{\text{销售收入}}\times\frac{\text{销售收入}}{\text{资产总额}}\times\frac{\text{留存收益}}{\text{净利润}}\times\frac{\text{资产总额}}{\text{期初股东权益}}\\
&=\frac{\text{留存收益}}{\text{期初股东权益}}=\frac{\text{留存收益}}{\text{期末股东权益}-\text{当期留存收益}}
\end{aligned} \tag{3-8}
$$

（分子分母同除以"期末股东权益"得到）

$$
\begin{aligned}
&=\frac{\text{留存收益}/\text{期末股东权益}}{1-\text{当期留存收益}/\text{期末股东权益}}\\
&=\frac{\text{销售净利率}\times\text{总资产周转率}\times\text{留存收益率}\times\text{期末权益乘数}}{1-\text{销售净利率}\times\text{总资产周转率}\times\text{留存收益率}\times\text{期末权益乘数}}\\
&=\text{范霍恩稳态财务可持续增长率}
\end{aligned}
$$

两个模型的主要区别是：范霍恩教授以资产的增加等于负债和股东权益的增加为出发点，从负债和股东权益两个方面进行考虑。然而，希金斯却把负债的增长看作是随股东权益的增长，而且在保持一定比例资本结构下的因变量增长，他透过现象看到本质，认为股东权益的增长速度限制了销售的增长速度。希金斯的财务可持续增长模型的优点是比较简单、思路清晰、容易计算，能够从财务角度直观地反映出实现企业财务可持续增长的驱动因素，但其假设前提较为严格，是一种理想的状态，与现实的情况有差异。虽然范霍恩的模型相较于希金斯的模型有一定的改进，由于范霍恩教授分别从负债和股东权益两个角度来构建模型，其模型显得较为复杂。在实际应用中大部分学者更倾向于使用希金斯的模型，考虑到计算上的方便，本书采用希金斯教授的财务可持续增长模型计算财务可持续增长率，以此为基础进一步开展实证研究。

（2）拉巴波特模型与科雷模型的比较。基于现金流口径的拉巴波特和科雷的财务可持续增长模型在本质上基本一致，两个模型都是建立在现金流量的基础上，分析了企业增长与现金流量之间的关系，而且均认为财务可持续增长率就是现金流量为零时的增长率，两个模型都建立了增长与现金余缺的直接联系，认为制约企业增长的关键因素是企业的现金流量。两个模型的不同之处是拉巴波特的模型使用的是相对数指标，而科雷的模型使用的是绝对数指标。这两个模型都是利用现金流量相关数据计算企业的财务可持续增长率，而影响企业现金流量的因素有很多，这些因素较为复杂而且多变，使得企业的现金流量很难保持稳定，可能引起计算结果和实际值之间差距较大，所以在实际计算财务可持续增长率时，学者们一般很少采用基于现金流口径的财务可持续增长模型。

3.2 融资与融资结构理论基础

3.2.1 融资与融资结构的含义

融资是指企业为满足其生产经营与发展对资金的需要，而产生的资金融通行为，它具有广义和狭义之分。广义的融资指的是在供应者和需求者之间的资金流动，是一种以余补缺的经济行为，这种流动不仅包括资金的融入，还包括资金的融出。融入是指企业利用各种渠道来筹集资金，也就是资金的来源；融出是指企业运用筹集来的资金投资于各种长短期资产，也就是资金的运用。狭义的融资仅包括资金的融入，指的是企业从自身状况出发，根据其未来经营发展的需要，利用一定的筹集渠道和资本市场，经济有效地筹措和集中资金，本书探讨的企业融资是狭义的概念。融资是企业从创办开始就要面临的问题，融资是企业资本运动的起点，同时也是企业收益分配的基础。随着企业的发展，融资变得越来越重要，它贯穿于企业创立、成长、成熟的各个阶段。足够的资本规模可以保证企业投资活动的需要，合理的融资结构可以降低和规避融资风险，而融资方式的合理搭配又可以降低资本成本。资金是连接供求双方的桥梁，它是融资机制中最重要的因素，资金使用的目的就是为了使其增值和实现社会总财富的增加，所以融资实质上就是将全社会资源进行优化配置的过程。

融资方式是指资金供应者与资金需求者之间实现资金融通的具体方法，即取得资金的方式、手段、途径。企业的融资方式有很多，按照不同的分类标准我们能够将其分为内源融资与外源融资、股权融资与债务融资、直接融资与间接融资等。（1）按照资金来源的方向不同，企业的融资方式可以分为内源融资和外源融资。内源融资指的是企业创办过程中原始资本的积累以及企业运行过程中剩余价值的资本化。内源融资包括留存收益和折旧，它对企业资本形成具有自主性、低成本性、有限性、低风险性的特点。外源融资是指通过一定的途径向企业外部的其他经济主体筹集资金，主要包括通过银行借款、发行股票、发行债券和商业信用等方式来筹集资金。外源融资具有高效性、灵活性、大量性以及高风险性等特点。（2）按照资金流通经过的媒介不同，企业的融资方式可以分为直接融资和间接融资。直接融资是指不通过金融中介机构，资金盈余部门直接购买资金短缺部门的直接证券，资金由盈余部门直接流向短缺部门的融资方式。间接融资是指通过金融机构，并由其充当信用媒介，来实现资金在盈余和短缺部门之间流动的融资方式。（3）按照资金产权关系的不同，可以把企业融资方式分为股权融资和债务融资。股权融资是指企业以出让一部分所有权为代价向其投资者或股东筹集资金的方式。债务融资是指企业通过银行借款、发行债券、商业信用等方式来筹集资金。

融资结构指的是企业通过不同的融资方式筹措资金的有机组合以及各种资金所占的比重，具体指的是企业所有的资金来源项目（主要包括留存收益、流动负债、长期负债以及股权资本等项目）之间的比例关系，如企业的股权资金与债务资金之间的比例关系、债务资金内部的比例关系、股权资金内部的比例关系等。从实质来看，融资结构是企业融资决策的结果，企业有着怎样的融资行为，就会产生相应的融资结果，继而形成相应的融资结构。合理的融资结构应该以内源融资为主，内源融资是企业最基本的融资方式，它是外源融资的基本保证，没有内源融资，也就无法进行外源融资。然而，由于企业内部积累能力有限，内部资金往往难以满足企业资金需求，特别是企业扩张期投资多、回报少，内部资金相当有限，仅仅依靠内源融资必然会制约企业的扩张，此时，企业就不得不借助于外源融资。外源融资能够快速地筹得大量资金，增强企业市场竞争力，能使企业实现快速扩张。但是，如果企业的生产经营活动完全依赖外源融资而缺乏内源融资的能力，该企业的外源融资将不能够长期维持。企业之所以可以进行外源融资，首先取决于其内源融资的规模和比重，只有企业内源融资规模大，才能吸引更多的投资者，才能获得更多的借入资本，内源融资为外源融资提供了基本保证。

企业融资结构不仅揭示了企业资产的产权归属、债务的保证程度以及权利的分配，还反映了企业融资风险的大小。企业融资结构合理与否是关系其生存和发展的一个重要问题，只有保持合理的融资结构才能保证企业长远健康发展。

从融资结构理论的发展历程来看，主要有三个阶段：早期融资结构理论、MM 融资结构理论、新的融资结构理论。

3.2.2 早期融资结构理论

早期融资结构理论是关于企业融资结构的一个早期理论体系，是以美国经济学家大卫·杜兰特（David Durand）提出的融资结构理论为代表。1952年，大卫·杜兰特在其发表的《企业债务和股东权益成本：趋势和计量问题》一文中全面、系统地阐述了关于早期融资结构理论的思想，大卫·杜兰特将当时对融资结构的见解分为三种类型：净收益理论、净营业收益理论和传统折中理论。

3.2.2.1　净收益理论

该理论认为，企业通过负债和权益融资所产生的资金成本不同，企业通常应考虑自身的平均资金成本，由于债务利息固定、有固定的到期日、债权人有优先求偿权，债权人承担的风险低于股东承担的投资风险，通常债务资金成本低于股权资金成本，所以企业负债资本越多，在企业的融资结构中负债资本所占比重越大，企业的平均资金成本就会越低，企业的净收益或税后利润就越多，从而企业的价值就越高。

但是该理论存在一定的假设前提，就是企业通过增加债务资本提高了财务杠杆，不会增加财务风险，企业的债务资金成本和股权资金成本保持不变。该理论提出的假设不符合现实实际，该理论只考虑了负债融资的优点，没有考虑到由此带来的财务风险以及债务资金成本和股权资金成本的变化问题，事实上，随着债务资本的增加，企业的财务风险会加大，债权人要求的利息可能会相应增加，股东要求的投资报酬可能会改变，企业的债务资金成本和股权资金成本并不是固定不变的。净收益理论是一种极端的融资结构理论观点，该理论虽然考虑了财务杠杆利益，但忽视了财务风险，如果企业的债务资本过多，债务资本比例过高，企业财务风险就会很高，企业的平均资金成本（综合资金成本）就会上升，企业的价值就会下降。

3.2.2.2　净营业收益理论

该理论提出，企业债务资本的多少，在资金来源中所占比重的高低，与企业价值没有关系，企业的加权平均资金成本和企业价值都不会因为债务资本比重的变化而发生改变，企业价值的变动主要是受净营业收益的影响而并非受融资结构的影响。该理论认为，企业债务资金成本是保持不变的，企业股权资金成本是变动的，随着企业债务资本的增加，企业的财务风险会加大，企业股权资金成本也会增加，随着企业债务资本的减少，企业的财务风险会降低，企业股权资金成本也会降低。随着企业债务资本的增加，股权资金成本也会提高，会带来综合资金成本的增加，由于企业债务资金成本低于股权资金成本，企业债务资本比重的上升又会带来综合资金成本的减少，这两者正好相互抵消，经过加权平均计算后，企业的综合资金成本保持不变，企业价值不变，企业融资结构与企业价值无关，影响企业价值的关键因素是企业的净营业收益。

净营业收益理论是另一种极端的融资结构理论观点，该理论虽然考虑了债务资本比例的变化所带来的财务风险，考虑了债务资本比例的变化对企业股权资金成本的影响，但事实上随着企业债务资本的增加，很难出现股权资金成本的增加所带来的综合资金成本的增加额与债务资本比重的上升所带来的综合资金成本的减少额正好相互抵消，企业的综合资金成本不可能保持不变，企业净营业收益确实会影响企业价值，但企业价值不只受净营业收益的影响。

3.2.2.3 传统折中理论

传统折中理论是一种介于净收益理论和净营业收益理论两个极端理论间的折中观点。折中理论提出，在一定的范围内，增加债务资本有利于降低综合资金成本，有利于提升企业价值，但债务资本规模必须适度，如果过度增加企业债务资本，会引起综合资金成本的上升，从而使企业价值下降。该理论认为，适度增加债务资本并不会明显增加企业债务和权益资本的风险，企业权益资本报酬率和债务利息率在一定范围内是保持相对稳定的，即企业债务资金成本和权益资金成本保持稳定，因此，适度增加债务资本会使企业加权平均资金成本下降，会使企业价值提升，但当企业债务超过一定范围，若继续增加债务资本会使企业的风险明显增加，会使企业的权益资金成本上升，从而使企业加权平均资本成本提高，企业价值降低。因此，随着债务资本的增加，企业加权平均资本成本线会呈现 U 型结构特征，企业加权平均资金成本从下降到上升的转折点是其最低点，此时企业价值达到最大，这时的融资结构是企业最佳融资结构。

这些早期的融资结构理论只是对融资结构的一些初级认识，存在一定的局限性，还没有形成系统的融资结构理论。

3.2.3 MM 融资结构理论

美国财务学家莫迪格利安尼和米勒先后研究了"无企业所得税"和"有企业所得税"不同条件下的企业融资结构，分别形成了"无税 MM 理论"和"有税 MM 理论"。

3.2.3.1 MM 融资结构理论的基本观点（无税 MM 理论）

1958 年，美国财务学家莫迪格利安尼和米勒合作发表《资本成本、公司价值与投资理论》一文，该文研究了企业融资结构与企业价值的关系，创立了 MM 融资结构理论，奠定了现代融资结构理论的基石。该理论基本观点是在没有企业和个人所得税、资本市场充分有效运作、所有债务利率相同、企业没有破产成本等假设前提下，企业价值与其融资结构无关，企业价值取决于其实际资产，而不是各类债务与股权的市场价值。早期 MM 融资结构理论有两个重要命题：（1）不管企业是否存在债务资本，企业价值等于该企业所有资产的预期收益额按适合该企业风险等级的必要报酬率进行折现的现值。（2）利用债务资本的企业，随债务资本的增加其股权资金成本率也会增加，由于低成本的债务给企业带来的财务杠杆利益会被股权资金成本率的上升而抵消，最后使有债务企业的综合资金成本等于没债务企业的综合资金成本，企业价值不会随债务资本比例的上升而提高，所以企业价值与其融资结构无关。

3.2.3.2 MM 融资结构理论的修正观点（有税 MM 理论）

由于最初的 MM 理论假设条件过于严格，如资本市场充分有效运作、没有企业所得税，但现实情况与 MM 理论的假设前提并不相符，在现实中并不存在真正完善的资本市场，并且所得税也是客观存在的。基于这些认识，1963 年，莫迪格利安尼和米勒合作发表了《公司所得税与资本成本：一项修正》一文，在原 MM 理论的基础上考虑了企业所得税的存在，对最初的 MM 理论进行了修正。修正的 MM 理论认为：如果考虑企业所得税的存在，由于债务利息的抵税作用，企业债务资本越多，企业加权平均资金成本就越低，企业价值也就越高，企业价值会随债务资本的增加而上升；企业价值和资金成本与融资结构相关，会随融资结构的变化而变化，有债务企业的价值会超过无债务企业的价值，而且债务越多，这个差异会越大；如果企业的融资方式全部是债务融资，企业完全使用举债经营，即负债达到 100%，此时企业的综合资金成本达到最低，企业价值达到最大，企业的融资结构处于最佳。

然而，修正 MM 理论虽然考虑了负债融资的节税利益，却忽略了负债所带来的风险和额外费用，修正 MM 理论仍与现实不符。虽然 MM 理论的假设条件过于严格，与现实经营环境差异较大，MM 理论在现实中缺乏可行性，但它为分析企业融资结构问题提供了一个有用的起点，后来的许多融资理论都是以此为基础发展起来的。

3.2.4　新的融资结构理论

从 20 世纪 70 年代开始，学术界出现了一些新的融资结构理论，主要有权衡理论、代理成本理论、信号传递理论、优序融资理论等。

3.2.4.1　权衡理论

20 世纪 70 年代，西方学术界出现了一种新的融资结构理论——权衡理论，又称最优融资结构理论，权衡理论的代表人物主要有罗比切克（Robichek，1967）、克劳斯（Kraus，1973）、鲁宾斯坦（Rubinmstein，1973）、斯科特（Scott，1976）等人。权衡理论既考虑了负债融资所带来的节税利益，又考虑了负债融资所导致的财务风险和各种费用，通过对负债融资的利弊进行权衡比较，决定债务融资与权益融资的比例，最终确定企业价值。权衡理论认为，当企业债务比重较低时，企业财务风险较小，企业陷入财务困境的可能性较小，由于债务融资的节税利益，增加债务资本会使企业价值上升；当企业债务比重达到一定高度，继续增加债务资本，企业财务风险将会上升，企业陷入财务困境甚至破产的可能性将会加大，倘若企业破产就必然会产生破产成本，即使企业不破产，由于陷入财务困境，企业将会产生额外的成本，这时债务的节税利益开始被财务困境成本所抵消；当企业边际节税利益与边际财务困境成本正好相等时，企业价值达到最大，此时的债务比率是最佳的。所以，企业在融资结构决策时，应当认真权衡债务融资的节税利益与相关成本，企业的最优融资结构应当是债务资本增加所带来的节税利益与财务困境成本（包括破产成本）之间的平衡点，此时企业价值达到最大。根据权衡理论，有债务企业的价值等于无债务企业的价值加上债务节税利益的现值减去预期财务困境成本的现值。权衡理论提出了财务困境成本的概念，这里的财务困境成本是指企业财务风险不断增加后出现危机、陷入破产等困境而产生的损失，包括破产威胁的直接成本、间接成本和权益的代理成本。

权衡理论考虑了负债融资的利和弊两个方面，既考虑了负债融资所带来的节税利益，又考虑了负债融资所导致的财务风险和各种费用，相对于以往的融资结构理论有较大进步。权衡理论的缺陷在于企业财务困境成本往往难以量化，因此在实际中很难应用。

3.2.4.2　代理成本理论

1976 年，迈克尔·詹森（Michael C. Jensen）和威廉姆·麦克林（William H. Meckling）合作发表了《企业理论：管理行为、代理成本和所有权结构》一文，在该文中提出了"代理成本理论"，并应用这一理论系统分析了信息不对称条件下的企业融资结构问题。根据詹森和麦克林的观点，由于存在信息不对称、道德风险、逆向选择、不确定性等因素，委托人为了防止代理人损害自己的利益，需要通过严密的契约关系和对代理人的严格监督来限制代理人的行为，而这需要付出代价，也就产生了代理成本。

随着企业规模的不断扩大，企业的所有者通常会聘请专业的经营管理者帮助其经营管理企业，企业所有权与经营权的分离产生了企业所有者与经营者之间的委托代理关系，委托人授予代理人一定的经营管理权，代理人的经营决策必须有利于委托人的利益。企业经营者处在经营管理一线，负责企业资金的进出、资源的调动和配置等事项，能够掌握较全面的信息，经营者相对于企业股东，处于相对信息优势的地位，所以在企业的所有者和经营者之间，存在着严重的信息不对称。企业的所有者与经营者之间经常会发生利益上的冲突，如经营者利用信息优势为自己谋取利益，所有者则希望以较小的管理成本获得较高的企业价值，所有者为了防止经营者损害自己的利益，可通过严密的契约关系或严格的监督机制，来限制经营者的行为，因而在企业经营中必然会产生相应的"股权代理成本"，如果企业经营者拥有企业股权，就会和企业所有者目标更为一致，企业经营管理者持股数量越大，股权代理成本越低。

如果企业通过负债融资取得资金，股东和债权人之间就形成了委托代理关系，然而，股东和债权人的目标并不是完全一致的，债权人的目标是能够按期收回本息，而股东则希望赚取较高的报酬，股东经常会实施有损于债权人利益的行为，例如股东不征得债权人同意投资高风险项目或发行新债。如果高风险项目投资成功，大部分获利归股东所有，债权人只能得到固定的利息，如果高风险项目失败，企业经营可能陷入困境或濒临破产，债权人将遭受损失，债权人承担的风险和获得的报酬不对等。债权人为了保护自身的利益可以与所有者签订资金使用合约，设定限制性条款，或者采取一定的措施对企业进行监督，防止其利益受损，从而会产生相应的监督成本。代理成本理论认为，随着企业债务资本的增加，债权人的监督成本随之上升，债权人会要求更高的利率，这种代理成本最终要由股东承担，随着企业债务规模的增加，其财务困境成本和代理成本会逐渐抵消企业负债产生的节税利益，企业融资结构中负债比率过高会引起股东价值的下降，企业最佳的融资结构是由股权代理成本和债务代理成本之间的平衡关系决定的，只有债务资本适度的融资结构才会提高股东价值。

3.2.4.3 信号传递理论

企业内部的经营管理者与外部投资者之间，存在着较为严重的信息不对称，即经营管理者拥有较为详细的企业内部信息，掌握着企业经营状况的真实信息，而外部投资者很难掌握有效、翔实的企业内部信息，他们对企业的经营状况、财务状况、企业发展战略等方面都不是很清楚，投资者只能根据经营管理者所提供的信息来评价企业的价值。信号传递理论是解决信息不对称问题的有力工具，信号传递理论在财务领域的应用开始于斯蒂芬·罗斯（Stephen A. Ross）的研究，美国金融学家斯蒂芬·罗斯（1977）将信号传递理论与融资结构问题结合起来进行研究，提出了融资结构的信号传递理论。罗斯认为，企业经营管理者所做出的融资决策或股利分配决策，相当于向外部投资者和外部市场传递了企业的内部信息，企业可以通过调整融资结构来传递关于企业盈利能力和风险方面的信息，以及企业如何看待股票市价的信息。

融资结构的信号传递理论认为，企业的融资结构状况可以向企业外部传递企业经营状况的信息，外部投资者可以利用这些信息来了解企业的经营状况，进而做出相应的投资决策。企业的债务比例是向外界传递企业经营发展状况的重要信号，投资者通常认为，经营发展状况好的企业往往会选择更多的债务融资，而经营发展状况差的企业往往难以承担较高的利息负担和财务风险，一般不会采取较多的债务融资，所以，外部投资者往往将企业提高债务比例作为企业经营发展状况良好的一个信号。当企业价值被高估时，企业管理者通常会选择增加股权资本的方式融资，而当企业价值被低估时，企业管理者通常会选择增加债务资本的方式融资。企业经营管理者通常会选择那些具有正面效应信号的融资结构，而隐藏具有负面效应信号的融资结构，然而，信号传递理论没有提出有效地防止经营管理者故意传递错误信号的内部约束机制。

3.2.4.4 优序融资理论

1984 年，美国金融学家斯图尔特·梅耶斯（Stewart C. Myers）和智利学者尼古拉斯·麦吉勒夫（Nicholas S. Majluf）系统地将信息不对称现象引入企业融资结构理论的研究中，在信号传递理论基础上提出了优序融资理论，该理论的假设前提是除信息不对称外金融市场是完全的。优序融资理论的中心思想是：企业内源融资优先于外源融资，而在企业外源融资中债务融资又优先于股权融资，即遵循内源融资、外部债务融资、外部股权融资的顺序，这种融资顺序不会传递对企业股价产生不利影响的信息，梅耶斯等人通过考察美国企业融资结构使这一融资顺序得到了证实。优序融资理论的基本观点是：在信息不对称的情况下，企业将尽量避免发行普通股或其他风险证券来融资；企业必须要确定一个目标股利支付率，以使其内源融资能够满足达到正常权益投资收益率的资金需要；在保证安全的前提下，企业才会通过外源融资来满足其部分资金需要，而且会先发行风险较低的证券，按照低风险债券、高风险债券、发行股票的顺序融资。优序融资理论认为，企业管理者制定的融资方案不一样，其向外界传递的关于企业经营状况和发展前景的信息也不一样，梅耶斯等人的优序融资理论通过信号的传递将企业融资问题与证券市场的反应直接地联系起来。

优序融资理论的基本融资顺序的主要原因如下：第一，因为内源融资不需要与投资者签订契约，也不需要支付各种费用，所受制约少，所以内源融资是企业首选的融资方式。第二，企业进行债务融资，可向外部投资者传递积极信号，反映企业的经营状况良好，债务融资还能够降低企业的资金总成本，所以债务融资又优先于股权融资。第三，在信息不对称情况下，企业发行新股融资，会被市场误解，认为企业前景不佳，投资者会调低对企业现有股票和新发行股票的估价，从而导致企业股价下跌，企业市场价值降低，企业股价下跌又会提高企业的融资成本，所以，企业会尽可能少采用发行股票融资。如果企业新的投资项目有较好的盈利能力，大多企业是不愿发行新股融资，把获得的投资收益转移给新的股东。

西方经典的融资结构理论是以日益发展成熟的资本市场作为前提条件，以企业市场价值最大化作为融资结构优化的目标，这些理论从不同的角度揭示了企业最优融资结构的客观存在性，同时，为企业融资决策的合理制定指明了方向。MM 理论反映了融资方式构成的意义及融资结构中债务融资的价值，是西方融资结构理论中的经典，但由于这种理论的假设条件过于严格，使其失去了实际的应用价值。权衡理论、代理成本理论、信号传递理论、优序融资理论等融资结构理论，对于企业在现实中选择合适的融资方式和优化融资结构具有重要指导意义。然而，我国资本市场尚不健全，企业在融资种类和渠道上的选择余地不够多，社会闲散资金缺乏转化为投资的有效机制与途径，这些使西方经典融资结构理论在我国企业的应用尚有一定的差距。但是，目前我国经济体制的改革不断深入，企业的产权日益明晰，资本市场的有效性和规范性不断加强，这些为西方经典融资结构理论在我国的应用提供了良好的条件。我国企业在进行融资决策时，应结合具体情况，权衡不同融资方式的资金成本，合理利用内外部融资渠道，规范融资行为，确定目标融资结构，这是西方经典融资结构理论给我们带来的启示，也是我国企业在经营发展中的重要任务。

3.3　财务可持续增长与融资的关系分析

3.3.1　融资目标的新定位：财务可持续增长

融资是企业筹集资金的行为与过程，融资并不仅指企业在资本市场上筹集资金，更重要的是指企业要合理筹集资金、要提高筹集资金的利用效率。融资的最终目标是实现企业价值最大化，而企业价值最大化的直接体现就是企业财务业绩的增长。同时，企业为保持财务可持续增长必然需要资金的支持，财务可持续增长正是以融资所产生的财务资源为基础的，没有充足的资金，企业不可能实现财务可持续增长。所谓的财务可持续增长率，就是在不过度使用企业财务资源的条件下，企业销售增长能够达到的最大比率，财务可持续增长率正是从企业经营效率和财务政策角度全面反映企业的增长能力，其中，融资结构是影响可持续增长率的一个重要因素，企业只有保持合理的融资结构才能实现其财务可持续增长。所以说，企业财务可持续增长与融资之间有着必然的联系，企业融资策略的制定应当充分考虑到企业财务可持续增长的要求。将企业的融资目标定位于财务可持续增长，从财务可持续增长的视角来研究融资问题，能够揭示财务增长与融资之间的内在联系，从而为企业正确认识和把握增长、确定合理的融资结构提供依据。

企业的财务可持续增长能力是企业适应市场竞争、永葆活力的关键，企业的财务可持续增长正是以财务资源的充足性为前提，企业的财务可持续增长能力与企业的融资能力、融资结构密切相关。基于财务可持续增长的融资目标要求企业在制定融资策略时，要在企业增长速度与财务资源相适应的前提下，合理选择融资方式，适时调整融资结构，以使企业的实际销售增长率能够保持持续，从而实现企业的财务可持续增长。财务增长与财务资源限制的矛盾是企业面临的一项主要矛盾，基于财务可持续增长的融资目标要求企业本着"财务资源与财务增长协调平衡"的原则优化其融资结构。

从长期来看，企业的最优融资结构就是能使企业财务风险与资本成本实现平衡的负债与权益资本组合。基于财务可持续增长的融资结构优化过程，就是为了适应企业财务可持续增长对资金的需求，通过再融资不断调整不合理的负债和权益资本比例，从而确立企业目标融资结构，在发展中达到动态最优的过程。在企业融资结构优化过程中不仅要考虑降低资本成本，提高财务资源利用效率，还要将财务风险限定在企业可以承受的范围之内。

因此，财务可持续增长目标下企业融资管理工作的重点应集中在影响其财务可持续增长能力的融资方式的选择和融资结构的优化方面。企业应该通过提高经营效率、合理安排财务政策获得可持续内源融资，同时，通过合理安排融资结构来控制财务风险、降低资本成本，这样才能使企业保持可持续融资能力，才能使企业保持财务可持续增长，最终实现其财务目标。企业的融资目标应定位于可持续的融资能力，也就是将企业融资目标与财务增长能力有机地结合，只有这样才能保证企业持续稳定的发展，从而提高企业价值。

3.3.2 财务可持续增长模型中的融资理念

从希金斯教授 $SGR = P \times A \times R \times T$ 的财务可持续增长模型可以发现，企业的可持续增长率由销售净利率、总资产周转率、留存收益率、权益乘数四个因素决定。其中，P（销售净利率）和 A（总资产周转率）分别代表了企业的盈利能力和营运能力，两者概括了企业生产过程中的经营效率，R（留存收益率）和 T（权益乘数）则分别代表了企业股利分配政策和融资结构，两者概括了企业主要的财务政策。这四个指标与企业财务可持续增长率之间有着密切联系，能够反映企业财务资源与财务增长之间的协调平衡关系。一且企业的盈利能力、营运能力、股利支付政策、融资结构发生变化，那么企业的财务可持续增长率也会发生变化。

在这四个指标中，销售净利率反映了企业的盈利能力，不断提高销售净利率是企业增强其发展能力的重要途径，企业可以通过提高收入并降低成本来提高销售净利率。总资产周转率是反映企业资产营运能力的指标，它揭示了企业资产的周转速度，可以衡量企业全部资产的管理质量和利用效率。在一定时期内，企业的总资产周转率越高，揭示了企业的资产周转速度越快，也说明了企业资金利用效率越高，提高企业总资产周转率的有效途径就是合理安排各部分资产的比例、提高全部资产的利用效率。留存收益率反映了企业资金积累能力，该比率从另一个角度反映了企业的股利支付政策，企业应该在自身发展与股东利益之间妥善权衡，根据自身发展状况适度调高其留存收益率，应在股东允许的范围内尽可能为企业增长积累资金。权益乘数反映了企业融资结构的稳健程度，也反映了企业投资者权益对债权人权益的保障程度。企业的权益乘数越大，支持的销售增长水平也会越高，同时承担的财务风险也会越大，企业应当合理规划债务水平，在保障其债务偿还安全的前提下提高权益乘数，从而推动企业的财务可持续增长。

财务可持续增长模型把反映企业经营效率和财务政策的指标结合起来反映企业增长的限制，销售净利率和留存收益率两个指标反映了企业增长所需要的可靠资金来源状况，总资产周转率反映了企业资金营运情况，权益乘数反映了企业的融资结构。这四个指标变动的起点是销售净利率，销售净利率的变动会带来资产周转率和留存收益率的相应变动，这三者的变动最终都将反映在以权益乘数表示的企业融资结构的变动上。由于净利润的变动必然会影响到企业的留存收益，而留存收益的变动必然带来股东权益的变动，从而会对企业的融资结构产生影响，因为留存收益正是企业内源资金的主要来源，这一过程也体现了企业利用内源融资来实现其融资结构的自发调整。通常来说，企业的销售净利率由于会受到市场环境、成熟程度以及行业竞争等因素的影响，在企业整个生命周期中不会保持持续高增长；企业的留存收益率与资产周转率由于会受到企业财务政策和经营水平等因素的影响，也不会发生较大的波动，所以，企业要保持财务可持续增长，其融资结构的合理选择就非常重要。企业可以通过增加留存收益、加快资金周转来增加内源融资，从而实现对企业融资结构的自发调整，还可以通过吸收企业外部资金增加外源融资来调整融资结构。企业在制定财务规划时，必须在一个既定的经营效率、股利分配政策以及可接受的财务风险水平下，确定一个合理的融资结构来实现财务可持续增长。

企业通过提高净利润、增加留存收益能够增加其可靠的资金来源，企业通过加快资金周转可以增加其资金的相对规模，企业在提高财务可持续增长率的同时也使其融资结构得到了合理调整，企业提高财务可持续增长率和优化融资结构可以体现为一个动态调整和良性循环的过程。企业需要通过确定合理的融资结构来实现财务可持续增长，这就是财务可持续增长模型的融资理念之所在，可以利用这一理念来指导企业的融资决策。

第 4 章

我国农业上市公司的现状与
融资结构分析

农业上市公司是农业产业化发展中的龙头企业，具备先进的生产力、规模化经营、先进的生产技术，在推动农业产业化、规模化、资本化、集约化和现代化发展中发挥着"领头羊"的作用，是推动农业产业结构调整和升级的重要力量。随着资本市场的发展与完善，我国农业上市公司财务资源的取得涵盖了留存收益、商业信用、短期借款、长期借款、发行股票和发行债券等多种融资方式，如何进行有效融资、如何优化融资结构已成为农业上市公司财务管理中的重要问题，因此，研究农业上市公司的融资结构状况具有重要的现实意义。

4.1 我国农业上市公司的现状分析

4.1.1 农业上市公司的界定

根据中国证券监督管理委员会 2012 年新修订的《上市公司行业分类指引》，农业上市公司是指从事农、林、牧、渔业等生产经营活动，或以其为依托从事农、林、牧、渔服务业的上市公司。据此，我们可以将农业上市公司分为两类：一类是农、林、牧、渔业上市公司，是指主营业务达到规定比例，并在中国境内证券交易所挂牌交易的上市公司；另一类是农、林、牧、渔服务业上市公司，是指农产品深加工及提供产前、产后相关服务的综合经营，主营业务达到规定比例，并在中国境内挂牌交易的上市公司。

依据中国证券监督管理委员会 2019 年第一季度行业分类结果，划分为农、林、牧、渔业的上市公司总共有 42 家，其主营业务有农业、林业、渔业、畜牧业、农林牧渔服务业 5 个子行业，42 家公司的基本情况如表 4 - 1 所示。从股票发行种类来看，42 家公司中只有中鲁 B 在沪市发行 B 股股票，其余的 41 家公司在沪市或深市发行 A 股股票。从行业分布来看，狭义农业上市公司有 15 家，林业上市公司有 4 家，畜牧业上市公司有 13 家，渔业上市公司有 9 家，农、林、牧、渔服务业上市公司仅有 1 家。从地区分布来看，这 42 家公司不均匀地分布在 17 个省市，其中，山东省农业上市公司的数量最多，有 7 家；新疆维吾尔自治区的数量位于第二位，有 4 家；湖南、河南、甘肃、海南、福建各有 3 家，而我国主要农业大省黑龙江、安徽的农业上市公司的数量各有 2 家，上海、北京、云南、广东各有 2 家，江苏、河北、辽宁、广西各有 1 家。从上市板块来看，在沪市和深市主板上市的农业上市公司共有 21 家，所占比例为 50%；在中小板上市的农业上市公司共有 14 家，所占比例为 33.33%；在创业板上市的农业上市公司只有 7 家，所占比例为 16.67%。

表 4 - 1　　　　　　2019 年第一季度农业上市公司基本情况

所属行业	公司代码	公司简称	上市年份	上市板块	所在省份
农业	000998	隆平高科	2000	深市主板	湖南
	002041	登海种业	2005	中小板	山东
	002772	众兴菌业	2015	中小板	甘肃
	300087	荃银高科	2010	创业板	安徽
	300189	神农基因	2011	创业板	海南
	300511	雪榕生物	2016	创业板	上海
	600108	亚盛集团	1997	沪市主板	甘肃
	600313	农发种业	2001	沪市主板	北京
	600354	敦煌种业	2004	沪市主板	甘肃
	600359	新农开发	1999	沪市主板	新疆
	600371	万向德农	2002	沪市主板	黑龙江
	600506	香梨股份	2001	沪市主板	新疆
	600540	新赛股份	2004	沪市主板	新疆
	600598	北大荒	2002	沪市主板	黑龙江
	601118	海南橡胶	2011	沪市主板	海南

所属行业	公司代码	公司简称	上市年份	上市板块	所在省份
林业	000592	平潭发展	1996	深市主板	福建
	002200	云投生态	2007	中小板	云南
	002679	福建金森	2012	中小板	福建
	600265	ST 景谷	2000	沪市主板	云南
畜牧业	000735	罗牛山	1997	深市主板	海南
	002234	民和股份	2008	中小板	山东
	002299	圣农发展	2009	中小板	福建
	002321	华英农业	2009	中小板	河南
	002458	益生股份	2010	中小板	山东
	002477	雏鹰农牧	2010	中小板	河南
	002714	牧原股份	2014	中小板	河南
	002746	仙坛股份	2015	中小板	山东
	300106	西部牧业	2010	创业板	新疆
	300498	温氏股份	2015	创业板	广东
	300761	立华股份	2019	创业板	江苏
	600965	福成股份	2004	沪市主板	河北
	600975	新五丰	2004	沪市主板	湖南
渔业	000798	中水渔业	1998	深市主板	北京
	002069	獐子岛	2006	中小板	辽宁
	002086	ST 东海洋	2006	中小板	山东
	002696	百洋股份	2012	中小板	广西
	200992	中鲁 B	2000	深市主板 B 股	山东
	300094	国联水产	2010	创业板	广东
	600097	开创国际	1997	沪市主板	上海
	600257	大湖股份	2000	沪市主板	湖南
	600467	好当家	2004	沪市主板	山东
农林牧渔服务业	000713	丰乐种业	1997	深市主板	安徽

4.1.2　我国农业上市公司的发展历程

经过二十多年的发展，我国农业上市公司在数量上已经初具规模，已涌现出一批龙头企业，但与欧美等发达国家相比，我国农业上市公司的发展还存在一定的差距。自沪深证券交易所成立后，我国农业上市公司的发展主要经历了三个阶段。

（1）1992～1995 年为农业上市公司发展的萌芽期。1992 年，党的十四大确立了我国社会主义市场经济体制改革目标，随后在党的十四届三中全会上明确提出了建立社会主义市场经济体制的方向，指出进一步转换国有企业经营机制，建立适应市场经济要求、产权清晰、权责分明、政企分开、管理科学的现代企业制度。在这一阶段，我国资本市场刚起步，主要是国有企业进行股份制改造。

（2）1996～2001年6月为农业上市公司的快速发展期。在这一时期，政府更加重视国有企业改革问题，党的十五届四中全会通过的《中共中央关于国有企业改革和发展若干重大问题的决定》是指导国有企业跨世纪改革和发展的行动纲领，提出了国有企业改革和发展的主要目标与指导方针，对推进国有企业战略性改组具有重要意义。在这一阶段，我国农业上市公司得到快速发展，农业上市公司数量急剧增加，涌现出一批具有较强竞争力的农业上市公司。

（3）2001年7月至今为农业上市公司的平稳发展期。从2001年中国加入世贸组织后，对我国的农业发展产生了极大的影响，加快了我国农业市场化和产业化的进程，农业科技水平不断进步，农业总体发展水平和市场竞争力不断提升。经过十多年的发展，产生了一些优秀的农业上市公司，也有部分上市公司因财务造假摘牌退市，例如银广夏A与蓝田股份，还有一部分上市公司由于经营效益差退市或者改变经营方向。在这一阶段，登海种业、隆平高科和温氏股份等优质的农业上市公司已经形成研发与生产一体的经营模式。

4.1.3　我国农业上市公司的特点

目前，我国农业上市公司主要存在以下一些特点。

（1）农业上市公司的生产经营活动具有明显的有机生命性和自然性。农业上市公司主要依靠劳动来控制、强化、利用动植物（包括微生物）的生活机能和外界的自然力，开展生产经营活动从而取得产品。同时，与其他行业相比，农业上市公司的生产经营活动也较为庞大复杂。

（2）农业上市公司的经济效益存在较大的不确定性。因为农业生产过程周期较长，容易受自然条件等客观因素的影响，不可控因素比较多，导致农业上市公司的经营风险较大，投入产出规律及其结果难以预料，所以其经济效益存在较大的不确定性。

（3）农业上市公司制定市场竞争策略和经营决策的难度较大。农业属于第一产业，是国民经济中最基本的物质生产部门，农业上市公司所生产的产品与其他行业相比品种较少，农产品的差异性较小，并且绝大多数农产品的消费者需求弹性不大，从而加大了农业上市公司制定市场竞争策略和经营决策的难度。

（4）农业上市公司生产技术水平不高、经营管理方式落后、创新能力不足。目前，我国很多农业上市公司开展的是传统农业领域的业务，技术水平不高、生产工艺落后、管理方式落后、技术和产品创新能力不足，一些农业上市公司地处农村，思想观念较为落后、劳动力素质低下、缺乏竞争意识，这些都限制了农业上市公司的发展。另外，农业生产经营活动的分散性也给农业上市公司的生产组织、劳动管理和营销管理等带来了极大的复杂性。农业上市公司应采用先进技术改善现有农产品的质量或开发出新的产品，引进高素质的人才改善现有的经营管理方式。

4.1.4　本书样本选取与数据来源

本书中的"农业上市公司"是采用中国证监会 2012 年新修订的《上市公司行业分类指引》界定的农业、林业、畜牧业、渔业和农林牧渔服务业的 A 股上市公司。依据中国证监会 2019 年第一季度行业分类结果总共有 42 家农业上市公司，由于本书研究的内容要求所选取的样本数据能够保持一定的连续性，为了取得公司上市后连续 5 年（2014～2018 年）的财务数据，本书选取 2014 年 12 月 31 日之前在沪深证券交易所上市的 A 股农业上市公司为研究样本，同时，在研究中淘汰了被列为 ST 和 *ST 的公司以及不能提供完整财务数据的公司，总共得到 34 家公司作为研究样本，利用样本公司 2014～2018 年的财务数据进行实证分析。本书选取的 34 家农业上市公司分别为隆平高科、登海种业、荃银高科、神农基因、亚盛集团、农发种业、敦煌种业、新农开发、万向德农、香梨股份、新赛股份、北大荒、海南橡胶、平潭发展、云投生态、福建金森、罗牛山、民和股份、圣农发展、华英农业、益生股份、雏鹰农牧、牧原股份、西部牧业、福成股份、新五丰、中水渔业、獐子岛、百洋股份、国联水产、开创国际、大湖股份、好当家、丰乐种业。34 家样本公司的基本情况如表 4 – 1 所示，其中，狭义农业上市公司有 13 家，林业上市公司有 3 家，畜牧业上市公司有 10 家，渔业上市公司有 7 家，农林牧渔服务业上市公司仅有 1 家。本书所选取的 34 家样本公司中，在主板上市的农业上市公司共有 19 家，所占比例为样本总数的 55.88%；在中小板上市的农业上市公司共有 11 家，所占比例为样本总数的 32.35%；在创业板上市的农业上市公司只有 4 家，所占比例为样本总数的近 11.77%。

本书所用到的财务数据主要来源于：（1）深圳证券交易所网站；（2）上海证券交易所网站；（3）国泰安 CSMAR 数据库；（4）中国上市公司资讯网；（5）巨潮资讯网。本书利用 SPSS25.0 软件进行数据处理、描述性统计分析、因子分析、非参数检验以及多元回归分析。

4.2 我国农业上市公司融资结构分析

融资结构指的是企业不同的融资方式筹措资金的有机组合以及各种资金所占的比重，也就是指企业所有的资金来源项目之间的比例关系，主要包括留存收益、流动负债、非流动负债以及外部股权融资等项目之间的比例关系。企业的融资结构取决于其自身的资金需求状况、融资能力和融资的外部环境等因素，对不同的企业来说，由于主客观条件的限制，必然要选择适宜于自身的融资方式，形成合理的融资结构。

4.2.1 融资结构指标选取

本书分别从内源融资和外源融资两个方面选取指标反映农业上市公司的融资结构情况，其中，内源融资包括留存收益和累计折旧，外源融资包括股权融资和债务融资，股权融资等于公司股本与资本公积的合计数，债务融资包括流动负债和非流动负债。本书选取内源融资率反映样本公司内源融资情况，选取外源融资率反映样本公司总体外源融资情况，外源融资率为股权融资率和债务融资率之和。本书选取资产负债率反映样本公司总体债务融资情况；选取流动负债融资率、非流动负债融资率反映样本公司债务融资期限结构情况；选取商业信用融资率、短期借款融资率、长期借款融资率、债券融资率、其他债务融资率反映样本公司债务融资来源结构情况；选取股权融资率反映样本公司总体股权融资情况；选取流通股比例、非流通股比例、国有股比例、法人股比例反映样本公司股权性质情况；选取第一大股东持股比例、前三大股东持股比例、前五大股东持股比例反映样本公司股权集中度情况。具体指标定义如表 4 - 2 所示。

表 4 - 2　　　　　　　　　　融资结构指标定义

指标类型	指标名称	指标定义
内源融资	内源融资率	（盈余公积 + 未分配利润 + 累计折旧）/资产总额
债务融资	资产负债率	负债总额/资产总额
	流动负债融资率	流动负债总额/资产总额
	非流动负债融资率	非流动负债总额/资产总额
	商业信用融资率	（应付账款 + 应付票据 + 预收款项）/资产总额
	短期借款融资率	短期借款/资产总额
	长期借款融资率	长期借款/资产总额
	债券融资率	应付债券/资产总额
	其他债务融资率	（除商业信用、短期借款、长期借款、应付债券以外的债务总额）/资产总额
股权融资	股权融资率	（股本 + 资本公积）/资产总额
	流通股比例	流通股股本/总股本
	非流通股比例	非流通股股本/总股本
	国有股比例	国有股股本/总股本
	法人股比例	法人股股本/总股本
	第一大股东持股比例	第一大股东持股份额在公司总股份中所占比重
	前三大股东持股比例	前三大股东持股份额在公司总股份中所占比重
	前五大股东持股比例	前五大股东持股份额在公司总股份中所占比重

4.2.2　样本公司整体融资结构分析

根据 2014 ~ 2018 年样本公司资产负债表及其附注中的相关数据，计算出 2014 ~ 2018 年样本公司内源融资率、外源融资率、资产负债率、股权融资率等融资结构指标，利用 SPSS25.0 统计软件对 2014 ~ 2018 年样本公司融资结构指标进行描述性统计分析，结果如表 4 – 3 所示。从表 4 – 3 可以看出，2014 ~ 2018 年，样本公司内源融资率 5 年均值为 0.09367950，样本公司外源融资率 5 年均值为 0.88809949，外源融资率均值远远高于内源融资率，说明农业上市公司资金来源是以外源融资为主，内源融资所占比重较低；样本公司资产负债率 5 年均值为 0.43589516，股权融资率 5 年均值为 0.45220433，说明农业上市公司外源融资中以股权融资为主，股权融资在所有资金来源中所占比重最高，股权融资和债务融资比重相差不大；样本公司流动负债融资率五年均值为 0.35431940，非流动负债融资率 5 年均值为 0.08157576，流动负债融资率远高于非流动负债融资率，说明样本公司债务资金以流动负债为主，非流动负债所占比重较低。总体来看，在农业上市公司资金来源中，股权融资率最大，其次是资产负债率，内源融资率最小。

表 4 – 3　　　　　　　样本公司整体融资结构指标描述性统计结果

指标	N	极小值	极大值	均值	标准差
内源融资率	170	− 0.368885	0.519423	0.09367950	0.180302174
外源融资率	170	0.358953	1.424692	0.88809949	0.199365443
资产负债率	170	0.053933	0.902368	0.43589516	0.195237635
流动负债融资率	170	0.015313	0.860233	0.35431940	0.176283146
非流动负债融资率	170	0.000000	0.426604	0.08157576	0.087444206
股权融资率	170	0.105465	1.291535	0.45220433	0.210426912
有效的 N（列表状态）	170	—	—	—	—

根据 2014 ~ 2018 年各样本公司内源融资率、外源融资率、资产负债率、股权融资率数据，进一步计算出 2014 ~ 2018 年样本公司内源融资率、外源融资率、资产负债率、股权融资率的平均值如表 4 – 4 所示。从表 4 – 4 中可以看出，2014 ~ 2018 年，样本公司内源融资率的平均值分别为 0.12113325、0.09598764、0.10036843、0.07585554、0.07505263。总体来看，2014 ~ 2018 年，样本公司内源融资率有一定的波动，呈现先下降后上升再下降的变动趋势，其中，2014 年样本公司内源融资率的均值达到最高（0.12113325），2018 年样本公司内源融资率的均值达到最低（0.07505263）。从表 4 – 4 中可以发现，2014 ~ 2018 年，样本公司外源融资率的平均值分别为 0.86086948、0.88526354、0.88020717、0.90073315、0.91342410，样本公司外源融资率

的变动幅度较小，总体呈现不断上升的变动趋势，其中，2018 年样本公司外源融资率均值达到最高（0.91342410），2014 年样本公司外源融资率均值达到最低（0.86086948）。2014～2018 年，外源融资率要远远高于内源融资率，外源融资率维持在 90% 左右的水平，内源融资率则维持在 10% 左右的水平，农业上市公司总体内源融资比重偏低，农业上市公司内源融资能力亟待提高。2014～2018 年，样本公司资产负债率的均值分别为 0.43637335、0.43641620、0.43174483、0.44098469、0.43395672，各年变动幅度很小，资产负债率基本维持在 43% 左右，虽然资产负债率没有统一的标准，对于不同的行业有着不同的标准，但是通常认为企业资产负债率的合理区间是 40%～60%，可以总体上认为农业上市公司的资产负债率处于合理水平。2014～2018 年，样本公司股权融资率的均值分别为 0.42449613、0.44884734、0.44846234、0.45974846、0.47946738，各年变动幅度不大，总体呈现不断上升的变化趋势，其中，2014 年达到最低，2018 年达到最高，总体来看，农业上市公司股权融资率略高于资产负债率。

表 4－4 样本公司整体融资结构分析表

年份	内源融资率均值	外源融资率均值	资产负债率均值	股权融资率均值
2014	0.12113325	0.86086948	0.43637335	0.42449613
2015	0.09598764	0.88526354	0.43641620	0.44884734
2016	0.10036843	0.88020717	0.43174483	0.44846234
2017	0.07585554	0.90073315	0.44098469	0.45974846
2018	0.07505263	0.91342410	0.43395672	0.47946738
平均值	0.09367950	0.88809949	0.43589516	0.45220433

4.2.3 样本公司内源融资结构分析

内源融资是指企业内部融通的资金，主要包括留存收益和累计折旧。内源融资对企业的资本形成具有原始性、自主性、低成本性和抗风险性等特点，内源融资是企业最可靠的首选资金来源，是企业生存和发展不可缺少的重要组成部分。内源融资来源于企业自有资金，企业在使用时具有较大的自主性，只要股东大会或董事会批准即可，基本不受外界的制约和影响；无论采用发行股票、发行债券还是银行借款都需要支付一定的筹资费用，与外源融资相比，利用内源融资无需支付筹资费用，资金成本相对较低；内源融资不会稀释原有股东的每股收益和控制权，还可以增加公司的净资产，可以增强公司的信誉，提高公司的举债能力。

根据 2014～2018 年各样本公司留存收益、累计折旧和资产总额数据，计算出 2014～2018 年各样本公司留存收益占总资产比、累计折旧占总资产比，利用 SPSS25.0 统计软件对 2014～2018 年样本公司留存收益占总资产比、累计折旧占总资产比进行描述性统计分析，结果如表 4 - 5 所示。从表 4 - 5 可以看出，2014～2018 年，样本公司留存收益占总资产比的均值分别为 0.09697809、0.07074274、0.07763400、0.05291499、0.05096865，样本公司留存收益占总资产比有一定的波动，总体呈现不断下降的变动趋势，其中，2014 年留存收益占总资产比均值达到最高（0.09697809），2018 年留存收益占总资产比均值达到最低（0.05096865），样本公司留存收益占总资产比 5 年的平均值为 0.06984769。从表 4 - 5 可以看出，2014～2018 年，样本公司累计折旧占总资产比的均值分别为 0.02415516、0.02524490、0.02273442、0.02294055、0.02408398，样本公司累计折旧占总资产比变动幅度较小，其中，2015 年累计折旧占总资产比均值达到最高（0.02524490），2016 年累计折旧占总资产比均值达到最低（0.02273442），5 年的平均值为 0.02383180。总体来看，农业上市公司留存收益占总资产比远高于累计折旧占总资产比，说明农业上市公司内源融资以留存收益为主，留存收益来源于企业自身实现的盈利，是企业成本最低、最可靠的资金来源。

表 4 - 5　　　　样本公司内源融资结构指标描述性统计结果

指标	年份	N	极小值	极大值	均值	标准差
留存收益占总资产比	2014	34	- 0.347055	0.401089	0.09697809	0.156231300
	2015	34	- 0.312036	0.310971	0.07074274	0.160759977
	2016	34	- 0.344589	0.398125	0.07763400	0.167676377
	2017	34	- 0.336632	0.426461	0.05291499	0.194687680
	2018	34	- 0.391835	0.500951	0.05096865	0.219513544
	5 年整体	170	- 0.391835	0.500951	0.06984769	0.180007511

指标	年份	N	极小值	极大值	均值	标准差
	2014	34	0.002393	0.075953	0.02415516	0.014822404
	2015	34	0.002631	0.091818	0.02524490	0.017757594
累计折旧占	2016	34	0.002028	0.058325	0.02273442	0.013521068
总资产比	2017	34	0.001591	0.060959	0.02294055	0.014587629
	2018	34	0.001696	0.065429	0.02408398	0.015051337
	5 年整体	170	0.001591	0.091818	0.02383180	0.015059852

4.2.4　样本公司债务融资结构分析

债务融资是指企业通过银行或非银行金融机构贷款、发行债券、商业信用等方式融入资金，是企业常用的融资方式。债务融资有固定的到期日，需按期支付利息、到期偿还本金，举债公司必须承担按期还本付息的义务，债务融资的财务风险较高；可发挥财务杠杆的作用，无论举债公司盈利多少，债权人一般只收取固定的利息，而更多的利润可分配给股东或留用公司经营，从而增加股东和公司的财富；由于债权人无权参与举债公司的管理决策，所以债务融资可保障股东对企业的控制权；由于债务融资的利息可以在税前扣除，举债公司可以享受节税利益，债权人承担的风险比股东承担的风险更小，所以债务融资资金成本比股权融资资金成本更低。债务融资按偿还期的长短可以分为流动负债融资和非流动负债融资。流动负债是指需在 1 年或者 1 年以内的一个营业周期内偿还的债务，流动负债主要包括短期借款、应付账款、应付票据、预收账款、应付职工薪酬、应交税费等。非流动负债是指偿还期在一年以上的债务，非流动负债主要包括长期借款、应付债券和长期应付款等，非流动负债主要是企业为满足长期资金需要而发生的。

本书利用流动负债融资率、非流动负债融资率反映样本公司债务融资期限结构情况。根据 2014 ~ 2018 年样本公司资产负债表中的流动负债、非流动负债、资产总额数据，计算出 2014 ~ 2018 年样本公司流动负债融资率和非流动负债融资率，利用 SPSS25.0 统计软件对 2014 ~ 2018 年样本公司流动负债融资率和非流动负债融资率进行描述性统计分析，结果如表 4 - 6 所示。从表

4-6可以看出，2014～2018年，样本公司流动负债融资率的均值分别为0.35890824、0.35080956、0.34353706、0.35596704、0.36237507，5年均值为0.35431940，各年变动幅度很小，流动负债融资率基本维持在35%左右。2014～2018年，样本公司非流动负债融资率的均值分别为0.07746510、0.08560664、0.08820777、0.08501765、0.07158164，5年均值为0.08157576，各年存在小幅度的波动，呈现先上升后下降的变动趋势，非流动负债融资率基本维持在8%左右，2016年达到最大为0.08820777，2018年达到最小为0.07158164。总体来看，农业上市公司流动负债融资率远超过非流动负债融资率，债务融资是以流动负债为主，非流动负债所占比重较小。

表4-6　　　　　　　样本公司债务融资期限结构指标描述性统计结果

指标	年份	N	极小值	极大值	均值	标准差
流动负债融资率	2014	34	0.017930	0.661024	0.35890824	0.161819620
	2015	34	0.037585	0.739687	0.35080956	0.176048023
	2016	34	0.015313	0.748273	0.34353706	0.158099919
	2017	34	0.022758	0.791344	0.35596704	0.179971432
	2018	34	0.021861	0.860233	0.36237507	0.210613087
	5年整体	170	0.015313	0.860233	0.35431940	0.176283146
非流动负债融资率	2014	34	0.000000	0.426604	0.07746510	0.090390520
	2015	34	0.001354	0.422836	0.08560664	0.100400806
	2016	34	0.000993	0.396849	0.08820777	0.086543925
	2017	34	0.001478	0.303831	0.08501765	0.089413935
	2018	34	0.002037	0.317320	0.07158164	0.072313492
	5年整体	170	0.000000	0.426604	0.08157576	0.087444206

本书利用商业信用融资率、短期借款融资率、长期借款融资率、债券融资率、其他债务融资率反映样本公司债务融资来源结构情况。根据2014～2018年样本公司资产负债表中的应付账款、应付票据、预收款项、短期借款、长期借款、应付债券、资产总额等数据，计算出2014～2018年样本公司商业信用融资率、短期借款融资率、长期借款融资率、债券融资率和其他债务融资率，利用SPSS25.0统计软件对2014～2018年样本公司债务融资来源结构指标进行描述性统计分析，结果如表4-7所示。

从表4-7可以看出，2014～2018年，样本公司商业信用融资率的均值分别为 0.10444086、0.10739899、0.12382032、0.10661302、0.11003318，5 年均值为 0.11046127，各年变动幅度较小，商业信用融资率基本维持在 10% 以上。2014～2018 年，样本公司短期借款融资率的均值分别为 0.17652003、0.16770463、0.14165724、0.14805957、0.14815647，5 年均值为 0.15641959，各年存在小幅度的波动，呈现先下降后上升的变动趋势，短期借款融资率基本维持在 14% 以上。2014～2018 年，样本公司长期借款融资率的均值分别为 0.04177164、0.05113290、0.05057463、0.04819061、0.03878464，5 年均值为 0.04609088，各年变动幅度较小，呈现先上升后下降的变动趋势，长期借款融资率基本维持在 4% 左右。2014～2018 年，样本公司债券融资率的均值分别为 0.01302400、0.01225304、0.01548850、0.01206569、0.00279760，5 年均值为 0.01112577，其中，2014～2017 年有小幅度的变动，2018 年有较大幅度的下降。2014～2018 年，样本公司其他债务融资率的均值分别为 0.10061683、0.09792665、0.10020413、0.12605580、0.13418482，5 年均值为 0.11179765，各年有小幅度的变动，呈现先下降后上升的变动趋势，其他债务融资率基本维持在 10% 左右。总体来看，农业上市公司债务融资来源中，短期借款融资最多，其次是其他债务融资，然后是商业信用融资，接着是长期借款融资，最后是债券融资，说明农业上市公司长期借款和债券融资能力都有待提高。

表 4 - 7　　　　样本公司债务融资来源结构指标描述性统计结果

指标	年份	N	极小值	极大值	均值	标准差
商业信用融资率	2014	34	0.001981	0.370187	0.10444086	0.071814021
	2015	34	0.019505	0.337459	0.10739899	0.068678055
	2016	34	0.000374	0.346138	0.12382032	0.089747091
	2017	34	0.005882	0.298652	0.10661302	0.074639654
	2018	34	0.000013	0.374059	0.11003318	0.084045481
	5 年整体	170	0.000013	0.374059	0.11046127	0.077563258
短期借款融资率	2014	34	0.000000	0.533777	0.17652003	0.146978781
	2015	34	0.000000	0.560179	0.16770463	0.149240583
	2016	34	0.000000	0.458273	0.14165724	0.114794299
	2017	34	0.000000	0.493157	0.14805957	0.128158057
	2018	34	0.000000	0.563218	0.14815647	0.142518831
	5 年整体	170	0.000000	0.563218	0.15641959	0.135986919

指标	年份	N	极小值	极大值	均值	标准差
长期借款融资率	2014	34	0.000000	0.347058	0.04177164	0.076610455
	2015	34	0.000000	0.416986	0.05113290	0.094798295
	2016	34	0.000000	0.391068	0.05057463	0.081494479
	2017	34	0.000000	0.295995	0.04819061	0.077091918
	2018	34	0.000000	0.310331	0.03878464	0.064334676
	5年整体	170	0.000000	0.416986	0.04609088	0.078682395
债券融资率	2014	34	0.000000	0.156372	0.01302400	0.037763319
	2015	34	0.000000	0.156480	0.01225304	0.035084757
	2016	34	0.000000	0.153215	0.01548850	0.039748912
	2017	34	0.000000	0.148683	0.01206569	0.033046093
	2018	34	0.000000	0.048527	0.00279760	0.011361185
	5年整体	170	0.000000	0.156480	0.01112577	0.032935166
其他债务融资率	2014	34	0.020518	0.313774	0.10061683	0.058169459
	2015	34	0.022237	0.231884	0.09792665	0.046125366
	2016	34	0.032815	0.262587	0.10020413	0.052105208
	2017	34	0.045141	0.310619	0.12605580	0.080627568
	2018	34	0.018270	0.517955	0.13418482	0.101771539
	5年整体	170	0.018270	0.517955	0.11179765	0.071629424

4.2.5 样本公司股权融资结构分析

股权融资是指企业的股东愿意让出部分企业所有权，通过企业增资的方式引进新股东的融资方式。股权融资主要指的是通过发行股票增加企业的股本和资本公积。股权融资具有以下特点：（1）股权融资所获得的资金，具有永久性，没有规定的到期日，企业不需要偿还，只有在公司清算时才予以清偿，投资人欲收回本金，需借助于流通市场转让股票。股权资本的永久性决定了其用途的广泛性，即可以用于充实企业的营运资金，也可以用于企业的投资活动。（2）股权融资没有固定的股利负担，股利的支付与否和支付多少视企业的经营情况而定。企业有盈利并认为适合分配股利时，就可以分配股利；企业盈利较少，或者虽有盈利但企业资金短缺，或者企业有更有利的投资机会时，也可以少支付或者不支付股利。（3）与债务融资相比，股权融资的风险较小。由于股权融资没有固定的到期日，一般也不用支付固定的股利，不存在还本付息的风险，股权资本能增强公司的信誉。（4）与债务融资相比，股权融资资金成本较高。由于股东投资于股票承担的风险较大，相应要求较高的报酬，并且股利应从税后利润中支付，股票发行费用比债券发行费用、借款手续费要更高，所以股权融资的成本要高于债务融资。（5）利用股权融资，增加了新股东，会分散公司的控制权，另外，新股东有权分享公司已积累的盈利，会降低普通股的每股收益，可能会导致公司每股股价的下跌。

根据 2014～2018 年各样本公司资产负债表中的股本、资本公积和资产总额数据，计算出 2014～2018 年各样本公司股本占总资产比、资本公积占总资产比，利用 SPSS25.0 统计软件对 2014～2018 年样本公司股本占总资产比和资本公积占总资产比进行描述性统计分析，结果如表 4 - 8 所示。从表 4 - 8 可以看出，2014～2018 年，样本公司股本占总资产比的均值分别为 0.19522985、0.20581383、0.21463796、0.21307637、0.22626145，5 年均值为 0.21100389，各年变动幅度较小，总体呈现不断上升的变化趋势。2014～2018 年，样本公司资本公积占总资产比的均值分别为 0.22926628、0.24303351、0.23382439、0.24667209、0.25320593，5 年均值为 0.24120044，各年变动幅度较小，总体呈现不断上升的变化趋势。总体来看，2014～2018 年，农业上市公司资本公积略高于股本，股本和资本公积差距较小。

表 4 - 8　　　　　　样本公司股权融资结构指标描述性统计结果

指标	年份	N	极小值	极大值	均值	标准差
股本占 总资产比	2014	34	0.058748	0.513248	0.19522985	0.109914837
	2015	34	0.063832	0.492135	0.20581383	0.114124699
	2016	34	0.053577	0.511520	0.21463796	0.108872617
	2017	34	0.048180	0.500540	0.21307637	0.115679302
	2018	34	0.051724	0.683785	0.22626145	0.133756697
	5 年整体	170	0.048180	0.683785	0.21100389	0.115884199
资本公积占 总资产比	2014	34	0.009421	0.778287	0.22926628	0.156972462
	2015	34	0.006822	0.746272	0.24303351	0.165280719
	2016	34	0.006562	0.775667	0.23382439	0.159442820
	2017	34	0.006594	0.759017	0.24667209	0.154635357
	2018	34	0.007800	0.747965	0.25320593	0.165071003
	5 年整体	170	0.006562	0.778287	0.24120044	0.158666132

股权结构是指股份公司总股本中，不同性质的股份所占的比例及其相互关系。股权结构是公司治理结构的基础，公司治理结构则是股权结构的具体运行形式。不同的股权结构决定了不同的企业组织结构，从而决定了不同的企业治理结构，最终决定了企业的行为和绩效。股权结构通常可以从股权性质和股权集中度两个方面来理解，反映了质和量的关系。股权性质是指不同投资主体分别持有股份的比例，即各个不同背景的股东分别持有股份的多少，也是指公司股份的产权主体的性质，在我国主要指国有股比例、法人股比例、社会公众股比例、流通股比例、非流通股比例等。

根据国泰安数据库中 2014～2018 年各样本公司股权结构数据，计算出 2014～2018 年各样本公司流通股比例、非流通股比例、国有股比例、法人股比例，利用 SPSS25.0 统计软件对 2014～2018 年样本公司流通股比例、非流通股比例、国有股比例、法人股比例进行描述性统计分析，结果如表 4 - 9 所示。从表 4 - 9 可以看出，2014～2018 年，样本公司流通股比例的均值分别为 0.84914942、0.86773989、0.84826299、0.85323281、0.88751753，5 年均值为 0.86118053，各年变动幅度较小，流通股比例基本维持在 86% 左右。2014～2018 年，样本公司非流通股比例的均值分别为 0.15085058、0.13226011、0.15173701、0.14676719、0.11248247，5 年均值为 0.13881947，各年变动幅度较小，非流通股比例基本维持在 14% 左右。总体来看，农业上市公司各年流通股比例远远超过非流通股比例，农业上市公司股权结构以流通股为主。2014～2018 年，样本公司国有股比例的均值分别为 0.03523319、0.01091154、0.01667365、0.01844618、0.01250969，5 年均值为 0.01875485，极大值和极小值差距较大，说明大部分农业上市公司国有股所占比重较低。2014～2018 年，样本公司法人股比例的均值分别为 0.01962342、0.04188812、0.04858746、0.05303201、0.02539234，5 年均值为 0.03770467，说明大部分农业上市公司法人股所占比重较低，总体来看，法人股所占比重要高于国有股所占比重。

表 4 - 9　　　　　　　样本公司股权性质指标描述性统计结果

指标	年份	N	极小值	极大值	均值	标准差
流通股比例	2014	34	0.250000	1.000000	0.84914942	0.225806111
	2015	34	0.277150	1.000000	0.86773989	0.193181150
	2016	34	0.297026	1.000000	0.84826299	0.184899890
	2017	34	0.446253	1.000000	0.85323281	0.169635760
	2018	34	0.514668	1.000000	0.88751753	0.155880019
	5 年整体	170	0.250000	1.000000	0.86118053	0.185759363
非流通股比例	2014	34	0.000000	0.750000	0.15085058	0.225806111
	2015	34	0.000000	0.722850	0.13226011	0.193181150
	2016	34	0.000000	0.702974	0.15173701	0.184899890
	2017	34	0.000000	0.553747	0.14676719	0.169635760
	2018	34	0.000000	0.485332	0.11248247	0.155880019
	5 年整体	170	0.000000	0.750000	0.13881947	0.185759363
国有股比例	2014	34	0.000000	0.749928	0.03523319	0.134407735
	2015	34	0.000000	0.210495	0.01091154	0.040282472
	2016	34	0.000000	0.210495	0.01667365	0.047818912
	2017	34	0.000000	0.210495	0.01844618	0.048300038
	2018	34	0.000000	0.162926	0.01250969	0.038974661
	5 年整体	170	0.000000	0.749928	0.01875485	0.071545944
法人股比例	2014	34	0.000000	0.216461	0.01962342	0.053530936
	2015	34	0.000000	0.468929	0.04188812	0.097518835
	2016	34	0.000000	0.355072	0.04858746	0.090857397
	2017	34	0.000000	0.355072	0.05303201	0.091629329
	2018	34	0.000000	0.179365	0.02539234	0.048938158
	5 年整体	170	0.000000	0.468929	0.03770467	0.079413022

股权集中度是指公司全部股东因持股比例的不同所表现出来的股权集中还是股权分散的数量化指标。股权集中度是衡量公司股权分布状态的主要指标，也是反映公司稳定性强弱和公司结构的重要指标。股权集中度反映了公司的股份在前若干名的大股东中的集中情况，主要以第一大股东持股比例（TOP1）、前三大股东持股比例（TOP3）、前五大股东持股比例（TOP5）和前十大股东持股比例（TOP10）等指标反映公司股权集中情况。通常情况下，主要以第一大股东持股比例反映公司股权集中状态，如果第一大股东持股比例超过了50%，反映公司股权高度集中，即绝对控股状态；如果第一大股东持股比例在20%～50%之间，反映公司股权适度集中，即公司拥有较大的相

对控股股东，同时还拥有其他大股东；如果第一大股东持股比例低于20%，则属于股权分散状态。影响公司股权集中度的因素主要有企业规模、公司绩效、所有者的控制权偏好以及政治力量等。过度分散的股权结构不利于对公司管理层进行监督，不利于公司经营，不利于提升企业价值；公司股权适度集中有利于提高公司治理效率，有利于促进企业价值的增加；高度集中的股权结构会导致监督动力不足的问题，容易造成"内部人控制"现象，不利于促进公司长远发展。

本书利用第一大股东持股比例、前三大股东持股比例和前五大股东持股比例反映样本公司股权集中度情况。根据国泰安数据库中2014～2018年各样本公司第一大股东持股比例、前三大股东持股比例和前五大股东持股比例数据，利用SPSS25.0统计软件对其进行描述性统计分析，结果如表4－10所示。从表4－10可以看出，2014～2018年，样本公司第一大股东持股比例的均值分别为0.36392497、0.35780665、0.34760141、0.34186912、0.33964374，5年均值为0.35016918；2014～2018年，样本公司前三大股东持股比例的均值分别为0.46058044、0.46209438、0.45445126、0.45266526、0.45428932，5年均值为0.45681614；2014～2018年，样本公司前五大股东持股比例的均值分别为0.49234400、0.49518668、0.49217388、0.49407453、0.49466106，5年均值为0.49368803。总体来看，农业上市公司第一大股东持股比例均值在35%左右，前三大股东持股比例近45%，前五大股东持股比例近50%，反映农业上市公司股权比较集中。

表4－10　　　　　　　样本公司股权集中度指标描述性统计结果

指标	年份	N	极小值	极大值	均值	标准差
第一大股东持股比例	2014	34	0.109176	0.703173	0.36392497	0.164372187
	2015	34	0.094924	0.703173	0.35780665	0.161204382
	2016	34	0.109343	0.703173	0.34760141	0.158905528
	2017	34	0.094938	0.703173	0.34186912	0.159093470
	2018	34	0.091305	0.703173	0.33964374	0.151438703
	5年整体	170	0.091305	0.703173	0.35016918	0.157443796

指标	年份	N	极小值	极大值	均值	标准差
前三大股东 持股比例	2014	34	0.169937	0.747971	0.46058044	0.160676292
	2015	34	0.169937	0.754583	0.46209438	0.155577327
	2016	34	0.233536	0.721669	0.45445126	0.143679657
	2017	34	0.240517	0.734860	0.45266526	0.144212703
	2018	34	0.213430	0.726345	0.45428932	0.140702146
	5 年整体	170	0.169937	0.754583	0.45681614	0.147443356
前五大股东 持股比例	2014	34	0.202772	0.763021	0.49234400	0.158181676
	2015	34	0.209885	0.776708	0.49518668	0.150798777
	2016	34	0.278520	0.728767	0.49217388	0.133005140
	2017	34	0.281558	0.747493	0.49407453	0.137506505
	2018	34	0.237273	0.743948	0.49466106	0.138287044
	5 年整体	170	0.202772	0.776708	0.49368803	0.142155971

4.3　我国农业上市公司融资结构存在的主要问题

通过前面的实证分析可以发现我国农业上市公司融资结构存在以下问题。

4.3.1　农业上市公司内源融资率较低，整体内源性融资能力较弱

从表 4 - 4 可以看出，2014～2018 年，所有样本公司内源融资率的 5 年均值为 0.09367950，远远低于外源融资率的 5 年均值 0.88809949，说明了外源融资是农业上市公司主要的资金来源，农业上市公司内源融资和外源融资比率不合理，农业上市公司整体内源性融资能力较弱。内源融资对企业的资本形成具有原始性、自主性、低成本和抗风险的特点，是企业最可靠的资金来源，它是外源融资的基本保证。对农业上市公司来说，内源融资不需要与投资者签订契约，也不需要支付各种交易费用，所受制约少，可以减小信息不对称所造成的负面影响，能够降低融资成本，所以内源融资是企业首选的融资方式。根据优序融资理论，企业融资一般会首先选择内源融资，其次才会选择外源融资，而我国的农业上市公司，融资顺序与优序融资理论相悖。一

个企业要想经久不衰地发展下去，就要依靠内部积累坚实根基，内源融资在农业上市公司发展过程中的作用是相当重要的，但我国很多农业上市公司经营管理水平较低，面临市场不确定等方面的风险，其整体盈利能力较差，内部积累资金有限，不能提供足够的内部资金来满足公司的资金需求，导致这些公司更多运用外源融资的手段。内源资金的多少主要与企业的经营效率和财务政策有关，农业上市公司可通过改善经营管理提高其盈利能力，并制定合理的股利政策来增强其内源性融资能力。

4.3.2 农业上市公司股权融资率偏高，外部股权融资是其首要的资金来源

外源融资主要包括股权融资和债务融资，外源融资的优点是资金来源广泛、方式多样化、使用灵活方便，能够满足资金短缺企业的各种资金需求，但是与内源融资相比外源融资需要支付的成本较高，并且外源融资面临的风险要高于内源融资。在外源融资中绝大多数农业上市公司的股权融资率要高于债务融资率，从表4－4可以看出，2014～2018年，所有样本公司股权融资率的5年均值为0.45220433，略高于资产负债率的5年均值0.43589516，总体来看，在样本公司所有资金来源中股权融资所占比重最高。通过表4－1可以发现，在中小板和创业板上市的农业上市公司占50%，由于中小板和创业板在深圳证券交易所获准设立后，拓宽了农业上市公司股权融资的渠道，使农业上市公司融资结构中股权资本所占比重上升。

股权融资筹措的资金没有到期日，无须归还，具有永久性，是公司正常经营和抵御风险的基础，能够增强公司的信誉，股权融资没有固定的股利负担，股利的支付根据公司的盈利水平和发展需要而定，股权融资的风险通常低于负债融资的风险。但是股权融资的资金成本要高于负债融资，容易分散公司的控制权，会引起流通在外的普通股股数的增加，导致每股收益和股价下跌，而且发行新股融资会受到严格的条件限制。根据优序融资理论，在企业外源融资中，债务融资优于股权融资。在信息不对称情况下，企业发行股票融资，会被市场误解，认为企业前景不佳，投资者会调低对企业现有股

票和新发行股票的估价，从而导致企业股价下跌，企业市场价值降低，企业股价下跌又会提高企业的融资成本；企业进行债务融资，可向外部投资者传递积极信号，反映企业的经营状况良好，债务融资还能够降低企业的资金总成本；如果企业新的投资项目有较好的盈利能力，大多企业是不愿发行新股融资，把获得的投资收益转移给新的股东，所以债务融资优先于股权融资。农业上市公司应根据实际情况合理进行股权融资，有效利用股权资本。

4.3.3　农业上市公司负债结构不合理，非流动负债比重偏低

负债比率问题是企业融资结构的核心问题之一，一般认为企业资产负债率在 40% ~ 60% 之间是合理的。如果企业的资产负债率过高，会使其潜在的投资者对投资的安全性产生顾虑，同时，也会使其债权人产生债权难以保证的危机感，严重时可能导致企业资不抵债甚至破产；如果企业的资产负债率过低，说明企业利用债权人资金进行财务活动的能力较差，没有充分发挥利息的抵税作用。从表 4 - 4 可以看出，2014 ~ 2018 年，所有样本公司资产负债率的均值为 0.43589516，处于合理区间。总体来看，大部分农业上市公司利用债务资金的程度适度，能够合理利用财务杠杆，但仍有部分农业上市公司资产负债率偏低，没有充分利用债务资金发挥其财务杠杆作用。

从表 4 - 5 可以看出，2014 ~ 2018 年，所有样本公司流动负债融资率的 5 年均值为 0.35431940，非流动负债融资率的 5 年均值为 0.08157576，不论是从各年来看还是从 5 年整体来看，样本公司流动负债融资率都远远高于非流动负债融资率，说明农业上市公司的债务资金以流动负债为主，非流动负债比重偏低，农业上市公司债务总额的增加主要来自流动负债的增加，而非流动负债是各项资金来源中比重最低的。负债结构也是企业融资结构的一个重要方面，虽然流动负债融资利息费用比非流动负债利息低，但流动负债期限较短，过多利用流动负债支持公司运营，容易导致公司资金不稳定，短期偿债压力较大，资金链紧张，严重时可能会导致公司破产，流动负债和非流动负债只有维持合理的比率，才有利于企业的长远发展。农业上市公司主要依

靠流动负债来维持正常的运营，其偏高的流动负债比重很容易导致其在金融市场环境发生变化时出现资金周转困难，增加其信用风险和流动性风险，从而使农业上市公司的发展面临潜在的威胁，这种情况对公司长远的生存和发展是不利的。

在债务融资来源方面，大多数农业上市公司主要依靠短期借款融资，其次是商业信用融资，长期借款融资和债券融资比重普遍偏低。与短期借款相比，由于长期借款期限较长，长期借款时间可以高达十几年甚至更长的时间，在这期间面临的不确定因素较多，债权人承担的风险更大，对债务人的条件要求更高，所以举借长期借款的难度更大，导致农业上市公司长期借款比重较低。由于目前我国的债券市场还未全面发展起来，国内债券发行条件相对而言比较严格，信用评级制度还不完善，从而导致农业上市公司利用发行债券融资难度较大，所以，农业上市公司债券融资比重较低。

4.3.4 农业上市公司融资渠道较为单一

我国农业上市公司可利用的融资渠道主要包括内源融资和外源融资两类渠道。内源融资主要是指企业的自有资金和在生产经营过程中的资金积累部分。外源融资的渠道较为广泛，包括向银行和非银行金融机构贷款、企业间商业信用、向其他法人和社会公众等发行股票融资、向其他法人和社会公众等发行债券融资、融资租赁等。通过前面的实证分析可以知道，目前，我国农业上市公司融资渠道较为单一，主要利用发行股票融资和银行借款融资，农业上市公司很少利用发行债券、融资租赁、票据贴现等方式融资，企业所需资金来源渠道受到限制。由于银行贷款服务品种多样，而且手续简单、方便快捷，已经成为农业上市公司进行债务融资的主要方式，贷款的形式又以担保或抵押贷款为主，而且银行信贷资金以短期贷款为主；由于国内债券发行条件较为严格，很多农业上市公司信用等级不高，发行债券难度较大，往往不能通过大量发行债券融资；由于经济体制和经营者思想观念落后等因素，我国农业上市公司进行融资租赁融资的也很少；票据贴现也是企业融通资金的一种方式，但由于我国票据贴现方面的法律法规还不健全，我国农业上市公司很少利用票据贴现方式进行融资。农业上市公司信贷活动"两极分化"现象越来越严重，那些效益好的农业上市公司越来越成为金融机构争夺的客户，而那些效益不好的农业上市公司则往往受到冷落。我国农业上市公司应当扩展股权融资和债务融资的渠道，广泛利用银行信贷资本、非银行金融机构资本、政府财政资本、其他法人资本、民间资本、企业内部资本、国外资本等不同渠道融通资金，有效利用各种融资方式，优化公司融资结构。

4.3.5　农业上市公司股权结构不够合理

通过表 4-10 可以看出，农业上市公司股权比较集中，当今社会市场竞争日益激烈，我国农业上市公司要想获得持续稳定发展，就必须深刻认识到股权结构问题，适度调整现行的比较集中的股权结构，促进多元化股权持有的形成，形成适度集中的股权结构，建立完善的监督管理和激励机制，加强公司内部管控。在股权分散情况下，大多数的股东持股比例相近，单个股东的影响力有限，参与公司治理的成本和收益严重不对称，缺乏对公司管理层进行监督和参与公司决策的积极性，在缺乏监督的环境下，企业的经营者可能会为了短期利益而放弃更好的长期投资机会，这将影响公司长远发展，所以过度分散的股权结构不利于公司经营，不利于提升企业价值。高度集中的股权结构可能会引发监督动力不足的问题，容易造成"内部人控制"现象，不利于企业不同利益相关者的力量平衡，同时，也为大股东侵占小股东利益提供了可能，容易抑制中小投资者利益追求的实现，股权制衡结构难以形成，不利于促进公司长远发展。在股权相对集中的情况下，大股东们出于自身利益的长远考虑，会对管理层进行有效的监督和激励，使他们为增加股东财富和企业价值而努力工作，企业被接管的风险较小，适度集中的股权结构将有利于提升企业价值，有利于实现公司长期稳定发展。

同时存在国有股、法人股和社会流通股是我国资本市场股权结构的重要特征，从股权性质来看，农业上市公司国有股比重和法人股比重都较低。法人股股东更关注公司中长期的成长与发展，从而获得良好的股利回报，法人股股东在积极监督公司治理方面能发挥重要作用，适当提高法人股比例有利于增强管理者决策的独立性，能更好地调动管理者工作的积极性，有利于促进公司价值的提升。农业上市公司应合理调整国有与非国有的股权比例，适当提高法人股比例，积极吸引不同性质背景的股权投资者，扩展公司的股权融资渠道，完善其股权结构，进而促进公司的持续健康发展。

第5章

我国农业上市公司经营绩效分析

经营绩效是企业多方面能力的集中体现，能够综合反映企业盈利水平、偿债能力、资金运用、产品生产与销售组织管理、规模扩张潜力等多方面状况，经营绩效的好坏不仅关系到企业的生存与否，而且影响到企业未来的长远发展。农业上市公司是农业企业的突出代表，是推进农业产业化进程的主力军，在带动农业经济发展、促进农民增收、加快农业现代化等方面起着重要作用，农业上市公司经营绩效的好坏，不仅对证券市场产生重要影响，而且关系到我国农业经济的健康发展。本章采用因子分析法对农业上市公司经营绩效进行分析评价，以综合反映农业上市公司的经营效果，发现其经营管理中存在的主要问题，并从农业上市公司自身和政府部门角度提出相关的对策建议，以改善农业上市公司的经营管理，推动农业上市公司的持续健康发展，进而带动我国农业经济的健康发展。

5.1 研究设计

5.1.1 指标选取与说明

本章分别从盈利能力、偿债能力、营运能力、发展能力、现金流量能力五个方面选取了销售净利率、总资产报酬率、净资产收益率、每股收益、资产负债率、流动比率、速动比率、存货周转率、流动资产周转率、总资产周转率、营业收入增长率、总资产增长率、营业利润增长率、净利润现金净含量、营业总收入现金净含量、每股经营活动现金净流量16项财务指标，用于构建农业上市公司经营绩效评价指标体系（见表5-1），以评价农业上市公司的经营绩效。

表5-1　　　　　　　　　　经营绩效评价指标及定义

指标类型	指标名称	符号	指标定义
盈利能力	销售净利率	X_1	税后净利润/营业收入
	总资产报酬率	X_2	（利润总额＋利息支出）/平均资产总额
	净资产收益率	X_3	税后净利润/股东权益平均余额
	每股收益	X_4	税后净利润/股本总数
偿债能力	资产负债率	X_5	期末负债总额/期末资产总额
	流动比率	X_6	期末流动资产/期末流动负债
	速动比率	X_7	期末速动资产/期末流动负债
营运能力	存货周转率	X_8	营业成本/存货平均占用额
	流动资产周转率	X_9	营业收入/流动资产平均占用额
	总资产周转率	X_{10}	营业收入/平均资产总额
发展能力	营业收入增长率	X_{11}	（本期营业收入－上期营业收入）/上期营业收入
	总资产增长率	X_{12}	（期末资产总额－期初资产总额）/期初资产总额
	营业利润增长率	X_{13}	（本期营业利润－上期营业利润）/上期营业利润
现金流量能力	净利润现金净含量	X_{14}	经营活动产生的现金流量净额/净利润
	营业总收入现金净含量	X_{15}	经营活动产生的现金流量净额/营业总收入
	每股经营活动现金净流量	X_{16}	经营活动产生的现金流量净额本期值/实收资本本期期末值

（1）盈利能力是指企业在一定时期内获取利润的能力，也是指企业的资金或资本增值能力。盈利能力的大小是一个相对的概念，即利润相对于一定的资源投入、一定的收入而言。反映企业盈利能力的指标有很多，通常使用的主要有销售净利率、总资产报酬率、净资产收益率、每股收益等。一般利润率指标越高，反映企业盈利能力越强；利润率指标越低，反映企业盈利能力越差。通过盈利能力分析可以反映和衡量企业的经营业绩，可以发现企业经营管理中存在的问题。无论是企业的经营者、债权人，还是股东都非常关心企业的盈利能力，并重视对企业利润率及其变动趋势的分析与预测。

（2）偿债能力是指企业偿还各种到期债务的能力。企业的债务按偿还期的长短，可以分为流动负债和非流动负债两大类，偿债能力可分为短期偿债能力和长期偿债能力，短期偿债能力是指企业偿还流动负债的能力，长期偿债能力是指企业偿还非流动负债的能力。偿债能力是企业投资者、经营者、债权人等都十分关心的重要问题，通过偿债能力分析可以判断企业是否能够按时付息、到期还本，可以了解企业的财务状况，可以揭示企业所承担的财务风险大小，揭示企业资本结构中存在的问题，还可以预测企业的筹资前景。

（3）营运能力主要是指企业营运资产的效率和效益。企业营运资产，主体是流动资产和固定资产。企业营运资产的效率通常是指资产的周转率或周转速度。企业营运资产的效益是指营运资产的利用效果，是通过企业资产的投入与其产出相比较来体现。营运能力分析主要包括总资产营运能力分析、流动资产周转状况分析、固定资产周转状况分析。反映企业营运能力的财务指标主要有存货周转率、应收账款周转率、流动资产周转率、固定资产周转率、总资产周转率等。通过营运能力分析，可以评价企业资产的流动性，评价企业资产利用的效益，挖掘企业资产利用的潜力，可以了解企业的营业状况及经营管理水平，可发现企业在资产营运中存在的问题。营运能力分析是盈利能力分析和偿债能力分析的基础与补充。

（4）发展能力通常是指企业未来生产经营活动的发展趋势和发展潜能，也可以称为增长能力或成长能力，如企业规模的扩大、企业盈利的持续增长、企业市场竞争力的增强等。企业的发展能力主要是通过自身的生产经营活动不断扩大积累而形成的，主要依托于不断增加的销售收入、不断增加的资金投入和不断创造的利润等。一个发展能力强的企业，应该是资产规模不断增加，股东财富持续增长。反映企业发展能力的财务指标主要有营业收入增长率、资本保值增值率、总资产增长率、资本积累率、营业利润增长率等。通过发展能力分析可以评价企业的成长性，判断企业未来的盈利能力，可以揭示企业未来的发展潜力、行业地位，了解企业面临的发展机遇，可以发现影响企业未来发展的关键因素。

（5）现金流量能力是指企业在一定会计期间获取现金的能力。现金流量是指企业在一定会计期间依据现金收付实现制的原则，通过经营活动、筹资活动、投资活动和非经常性项目等产生的现金流入、现金流出及其总量情况的总称，即企业在一定时期的现金和现金等价物的流入和流出的数量。通过对企业的现金流量能力进行分析，可以衡量企业经营状况是否良好，判断企业是否有足够的现金偿还债务，更好地认识企业的实际偿债能力，可以揭示企业资产的变现能力，评价企业的销售获现能力，可以揭示企业的盈利质量高低。现金流量管理是现代企业理财活动的一项重要职能，建立完善的现金流量管理体系是确保企业生存与发展、提高企业市场竞争力的重要保障。

5.1.2 研究方法

本章采用因子分析法对农业上市公司经营绩效进行分析与评价，因子分析法就是将一些具有复杂关系的原始变量转换为少数几个综合因子的多元统计分析方法。因子分析的主要任务是提取原始变量的信息重叠部分，综合成因子，进而减少变量个数，它要求原始变量之间应存在较强的相关关系。因子分析的基本目的就是用少数几个因子去描述许多指标或因素之间的联系，因子分析法将相关性较高的变量归为一类，每一类变量成为一个因子，利用较少的几个因子去反映原始变量的大部分信息。本章在采用因子分析法时，样本公司每项财务指标均取 2014~2018 年的算术平均值。本章采用因子分析法从原有指标体系中提取少数几个公因子，在确定样本公司每个公因子得分的基础上，进一步计算每个样本公司综合绩效得分。

5.2 农业上市公司经营绩效的实证分析

5.2.1 样本公司经营绩效评价指标描述性统计分析

利用 SPSS25.0 对样本公司 2014~2018 年经营绩效评价指标数据进行描

述性统计分析，其结果如表 5 - 2 所示。

表 5 - 2　　　　　　　　经营绩效评价指标描述性统计结果

指标	N	极小值	极大值	均值	标准差
销售净利率	170	- 1. 167145	0. 414188	0. 01470560	0. 209251571
总资产报酬率	170	- 0. 435304	0. 318332	0. 02730410	0. 080698849
净资产收益率	170	- 0. 970985	0. 623552	0. 00073921	0. 204532177
每股收益	170	- 2. 359498	2. 246101	0. 07708845	0. 569562986
资产负债率	170	0. 053933	0. 902368	0. 43589516	0. 195237611
流动比率	170	0. 17390	27. 90843	2. 4710983	3. 43587831
速动比率	170	0. 097898	21. 240720	1. 57887739	2. 684269166
存货周转率	170	0. 041686	10. 920237	2. 57520118	2. 315001849
流动资产周转率	170	0. 090993	5. 423548	1. 08541104	0. 777447103
总资产周转率	170	0. 082846	1. 487211	0. 50960506	0. 280628515
营业收入增长率	170	- 0. 619227	2. 484390	0. 10148828	0. 386964286
总资产增长率	170	- 0. 530536	0. 870586	0. 09654789	0. 219050343
营业利润增长率	105	- 416. 034172	112. 498206	- 2. 42034295	0. 4363607413
净利润现金净含量	133	- 30. 002289	488. 670983	9. 33769556	0. 5136555065
营业总收入现金净含量	170	- 0. 73650	2. 83684	0. 0962759	0. 31367084
每股经营活动现金净流量	170	- 2. 84071	3. 51103	0. 2540073	0. 68581776

从表 5 - 2 可以看出，样本公司盈利能力指标销售净利率、总资产报酬率、净资产收益率、每股收益的平均值分别为 0. 01470560、0. 02730410、0. 00073921、0. 07708845，总体来看，样本公司盈利能力指标普遍较低，尤其是净资产收益率平均值只有 0. 00073921，非常低，样本公司盈利能力亟待提高。样本公司偿债能力指标资产负债率、流动比率、速动比率的平均值分别为 0. 43589516、2. 4710983、1. 57887739，其资产负债率平均值处于合理区间，通常企业资产负债率的合理区间为 40% ~ 60%，流动比率的平均值超过 2，一般认为流动比率应在 2:1 以上，速动比率的平均值超过 1，一般认为速动比率应维持在 1:1 以上较为正常，从三个指标可以初步判断样本公司偿债能力总体较好。样本公司营运能力指标存货周转率、流动资产周转率、总资产周转率平均值分别为 2. 57520118、1. 08541104、0. 50960506，可以初步看出，样本公司存货周转速度较快、流动资产周转速度较慢、总资产周转率偏低，总资产周转速度较慢。样本公司营业收入增长率、总资产增长率、营业

利润增长率平均值分别为 0. 10148828、0. 09654789、- 2. 42034295，可以看出，样本公司营业收入和总资产都有一定的增长，但营业利润出现较高程度的负增长，这可能是由于样本公司营业成本增长较快引起的。样本公司净利润现金净含量、营业总收入现金净含量、每股经营活动现金净流量平均值分别为 9. 33769556、0. 0962759、0. 2540073，可以看出，样本公司净利润现金净含量较高、营业总收入现金净含量偏低，样本公司现金流量能力还有待进一步提高。

5. 2. 2 KMO 检验与 Bartlett 球形检验

因子分析要求原始变量之间具有较强的相关性，在进行因子分析之前，本书利用 KMO 与 Bartlett 检验来分析原始变量是否适合采用因子分析，检验结果如表 5 - 3 所示。KMO 检验用于检验变量间的偏相关是否很小，KMO 值越逼近 1，反映了对这些变量进行因子分析的效果越好；Bartlett 检验用于检验相关系数矩阵是否是单位矩阵，若不是单位矩阵即可考虑进行因子分析。当 KMO 检验系数大于 0. 5，Bartlett 球形检验统计值对应的显著性概率小于 0. 05 时，说明可以进行因子分析。从表 5 - 3 可以发现，样本数据 KMO 值 = 0. 617 > 0. 6，意味着可以进行因子分析，Bartlett 检验统计值为 501. 161（较高），相应的显著性概率 P 为 0. 000 < 0. 001，揭示了相关系数矩阵不是单位矩阵，原始数据具有显著的相关性，故可以考虑进行因子分析。

表 5 - 3　　　　　　　　　　KMO 与 Bartlett 检验结果

取样足够度的 Kaiser-Meyer-Olkin 度量		0. 617
Bartlett 的球形度检验	近似卡方	501. 161
	df	120
	Sig.	0. 000

5. 2. 3 公因子的提取

公因子是根据原始指标信息提取的反映指标间公共信息的因素，本书采用主成分分析法（principal component analysis）提取公因子，通过计算公因子特征值、方差贡献率和累积方差贡献率，得到样本公司总方差解释表（见表 5－4）。通常，我们根据特征值 ≥1 或者累积方差贡献率 ≥80% 的原则，选取方差贡献率排在前几名的公因子，解释原始变量的大部分信息。从表 5－4 可以发现，前 5 个公因子特征值均大于 1，累积方差贡献率达到 82.508%，说明前 5 个公因子基本反映了原始指标 82.508% 的信息，所以，最终选择前 5 个公因子代表原来 16 项指标对农业上市公司经营绩效进行分析评价，并将提取的五个公因子分别命名为 T_1、T_2、T_3、T_4、T_5。表 5－4 显示，第一个公因子 T_1 的方差贡献率为 27.397%，第二个公因子 T_2 的方差贡献率为 16.609%，第三个公因子 T_3 的方差贡献率为 16.586%，第四个公因子 T_4 的方差贡献率为 11.645%，第五个公因子 T_5 的方差贡献率为 10.271%。

表 5－4　　　　　　　　　　　　总方差解释表

成分	初始特征值			提取平方和载入			旋转平方和载入		
	合计	方差的百分比(%)	累积百分比(%)	合计	方差的百分比(%)	累积百分比(%)	合计	方差的百分比(%)	累积百分比(%)
1	4.689	29.306	29.306	4.689	29.306	29.306	4.384	27.397	27.397
2	3.596	22.474	51.780	3.596	22.474	51.780	2.658	16.609	44.007
3	2.041	12.758	64.539	2.041	12.758	64.539	2.654	16.586	60.593
4	1.696	10.600	75.139	1.696	10.600	75.139	1.863	11.645	72.237
5	1.179	7.369	82.508	1.179	7.369	82.508	1.643	10.271	82.508
6	0.957	5.983	88.491						
7	0.698	4.361	92.853						
8	0.319	1.995	94.848						
9	0.230	1.434	96.283						
10	0.208	1.298	97.581						
11	0.117	0.732	98.313						
12	0.090	0.565	98.878						
13	0.080	0.503	99.380						
14	0.053	0.329	99.709						
15	0.040	0.252	99.962						
16	0.006	0.038	100.000						

注：提取方法为主成分分析。

5.2.4　公因子的命名

因子载荷矩阵反映了所选取的公因子与原始变量之间的线性关系，在因子载荷矩阵中，如果一个变量与某一因子联系系数绝对值越大，说明该因子与变量关系越近，变量在该因子中作用越大，根据样本数据得到旋转前的因子载荷矩阵如表 5 − 5 所示。从表 5 − 5 中可以发现，即使两个原始变量的相关性很弱，但它们仍可能对同一个公因子有较大的载荷，这使得该公因子无法被解释，失去代表性。例如，资产负债率、流动比率、速动比率、存货周转率、流动资产周转率、总资产周转率、营业收入增长率 7 个指标在第二个公因子上都具有较高的因子载荷，而这些指标中的资产负债率、流动比率与存货周转率、流动资产周转率之间没有显著的相关关系，使得第二个公因子并不具有代表性。

用因子旋转方法将原因子载荷矩阵进行旋转能够使得因子载荷系数向 0 或 1 两极分化，旋转后的结果更具有可解释性。为了更为明确地解释各因子的含义，需要将原因子载荷矩阵进行旋转，本书采用正交旋转法，得到旋转后的因子载荷矩阵如表 5 − 6 所示。表 5 − 6 显示，第一个公因子 T_1 在销售净利率 X_1、总资产报酬率 X_2、净资产收益率 X_3 和每股收益 X_4 上具有较高的因子载荷值（分别为 0.923、0.933、0.941、0.941），即 T_1 替代了 X_1、X_2、X_3、X_4 的作用，这四项指标反映了公司的盈利能力，可将 T_1 命名为盈利能力因子；第二个公因子 T_2 在资产负债率 X_5、流动比率 X_6、速动比率 X_7 上具有较高的因子载荷值（分别为 − 0.740、0.950、0.949），即 T_2 替代了 X_5、X_6、X_7 的作用，这三项指标反映了公司的偿债能力，可将 T_2 命名为偿债能力因子；第三个公因子 T_3 在存货周转率 X_8、流动资产周转率 X_9 和总资产周转率 X_{10} 上具有较高的因子载荷值（分别为 0.889、0.889、0.864），即 T_3 替代了 X_8、X_9、X_{10} 的作用，这三项指标反映了公司的营运能力，可将 T_3 命名为营运能力因子；第四个公因子 T_4 在净利润现金净含量 X_{14}、营业总收入现金净含量 X_{15}、每股经营活动现金净流量 X_{16} 上具有较高的因子载荷值（分别为 0.888、0.898、0.353），即 T_4 替代了 X_{14}、X_{15}、X_{16} 的作用，这三项指标反映了公司的现金流量能力，可将 T_4 命名为现金流量能力因子；第五个公因子 T_5 在营业收入增长率 X_{11}、总资产增长率 X_{12}、营业利润增长率 X_{13} 上具有较高的因子载荷值（分别为 0.818、0.781、0.342），这三项指标反映了公司的发展能力，可将 T_5 命名为发展能力因子。

表 5－5　　　　　　　　　旋转前的因子载荷矩阵

指标	成分				
	1	2	3	4	5
销售净利率	0.797	－ 0.408	－ 0.190	－ 0.203	－ 0.202
总资产报酬率	0.894	－ 0.076	－ 0.240	－ 0.200	0.015
净资产收益率	0.922	－ 0.239	－ 0.015	－ 0.123	－ 0.057
每股收益	0.965	－ 0.078	－ 0.049	－ 0.102	0.043
资产负债率	－ 0.402	0.587	－ 0.529	0.029	0.112
流动比率	－ 0.046	－ 0.734	0.542	－ 0.161	0.277
速动比率	－ 0.054	－ 0.699	0.593	－ 0.100	0.259
存货周转率	0.163	0.616	0.645	0.071	－ 0.099
流动资产周转率	0.357	0.675	0.484	0.083	－ 0.187
总资产周转率	0.264	0.601	0.527	－ 0.077	－ 0.258
营业收入增长率	0.326	0.634	0.011	0.273	0.547
总资产增长率	0.562	0.329	－ 0.152	－ 0.166	0.635
营业利润增长率	0.085	0.069	0.223	0.129	0.301
净利润现金净含量	0.003	－ 0.321	0.070	0.860	0.141
营业总收入现金含量	0.415	－ 0.382	－ 0.099	0.767	－ 0.167
每股经营活动现金净流量	0.693	0.166	－ 0.061	0.294	－ 0.158

注：（1）提取方法为主成分分析法；（2）已提取了 5 个成分。

表 5－6　　　　　　　　　旋转后的因子载荷矩阵

指标	成分				
	1	2	3	4	5
销售净利率	0.923	0.129	－ 0.138	0.033	－ 0.177
总资产报酬率	0.933	－ 0.073	－ 0.021	－ 0.051	0.151
净资产收益率	0.941	0.163	0.071	0.077	0.059
每股收益	0.941	0.054	0.123	0.054	0.214
资产负债率	－ 0.403	－ 0.740	－ 0.137	－ 0.191	0.188
流动比率	－ 0.014	0.950	－ 0.184	0.002	－ 0.004
速动比率	－ 0.047	0.949	－ 0.120	0.052	0.000009379
存货周转率	－ 0.089	0.015	0.889	－ 0.037	0.194
流动资产周转率	0.121	－ 0.156	0.889	－ 0.006	0.173

续表

指标	成分				
	1	2	3	4	5
总资产周转率	0.080	−0.070	0.864	−0.147	0.044
营业收入增长率	0.063	−0.323	0.305	0.105	0.818
总资产增长率	0.447	−0.144	0.004	−0.219	0.781
营业利润增长率	−0.039	0.161	0.125	0.095	0.342
净利润现金净含量	−0.136	0.156	−0.129	0.888	0.141
营业总收入现金净含量	0.350	0.026	−0.091	0.898	−0.086
每股经营活动现金净流量	0.591	−0.227	0.293	0.353	0.107

注：（1）提取方法为主成分分析法；（2）旋转法为具有 Kaiser 标准化的正交旋转法；（3）旋转 6 次迭代后收敛。

5.2.5　因子得分模型的建立

本书采用 SPSS 软件的回归法，得到因子得分系数矩阵如表 5 − 7 所示，根据因子得分系数矩阵建立因子得分模型如下：

$$T_1 = 0.243X_1 + 0.226X_2 + 0.218X_3 + 0.208X_4 - 0.076X_5 - 0.033X_6 - 0.046X_7 - 0.058X_8 + 0.001X_9 + 0.008X_{10} - 0.058X_{11} + 0.061X_{12} - 0.054X_{13} - 0.103X_{14} + 0.042X_{15} + 0.118X_{16}$$

$$T_2 = -0.009X_1 - 0.045X_2 + 0.041X_3 + 0.018X_4 - 0.271X_5 + 0.389X_6 + 0.391X_7 + 0.083X_8 + 0.000X_9 + 0.029X_{10} - 0.030X_{11} + 0.028X_{12} + 0.111X_{13} + 0.030X_{14} - 0.068X_{15} - 0.108X_{16}$$

$$T_3 = -0.045X_1 - 0.062X_2 + 0.012X_3 + 0.002X_4 - 0.129X_5 - 0.027X_6 + 0.003X_7 + 0.359X_8 + 0.349X_9 + 0.359X_{10} - 0.015X_{11} - 0.152X_{12} + 0.012X_{13} - 0.033X_{14} + 0.003X_{15} + 0.098X_{16}$$

$$T_4 = -0.049X_1 - 0.084X_2 - 0.021X_3 - 0.027X_4 - 0.049X_5 - 0.059X_6 - 0.026X_7 + 0.017X_8 + 0.031X_9 - 0.051X_{10} + 0.079X_{11} - 0.149X_{12} + 0.049X_{13} + 0.496X_{14} + 0.483X_{15} + 0.187X_{16}$$

$$T_5 = -0.176X_1 + 0.026X_2 - 0.032X_3 + 0.063X_4 + 0.112X_5 + 0.141X_6 + 0.135X_7 + 0.010X_8 - 0.045X_9 - 0.122X_{10} + 0.516X_{11} + 0.527X_{12} + 0.257X_{13} + 0.149X_{14} - 0.085X_{15} - 0.050X_{16}$$

表 5 – 7　　　　　　　　　　　　　　因子得分系数矩阵

指标	成分				
	1	2	3	4	5
销售净利率	0.243	− 0.009	− 0.045	− 0.049	− 0.176
总资产报酬率	0.226	− 0.045	− 0.062	− 0.084	0.026
净资产收益率	0.218	0.041	0.012	− 0.021	− 0.032
每股收益	0.208	0.018	0.002	− 0.027	0.063
资产负债率	− 0.076	− 0.271	− 0.129	− 0.049	0.112
流动比率	− 0.033	0.389	− 0.027	− 0.059	0.141
速动比率	− 0.046	0.391	0.003	− 0.026	0.135
存货周转率	− 0.058	0.083	0.359	0.017	0.010
流动资产周转率	0.001	0.000	0.349	0.031	− 0.045
总资产周转率	0.008	0.029	0.359	− 0.051	− 0.122
营业收入增长率	− 0.058	− 0.030	− 0.015	0.079	0.516
总资产增长率	0.061	0.028	− 0.152	− 0.149	0.527
营业利润增长率	− 0.054	0.111	0.012	0.049	0.257
净利润现金净含量	− 0.103	0.030	− 0.033	0.496	0.149
营业总收入现金净含量	0.042	− 0.068	0.003	0.483	− 0.085
每股经营活动现金净流量	0.118	− 0.108	0.098	0.187	− 0.050

注：（1）提取方法为主成分分析法；（2）旋转法为具有 Kaiser 标准化的正交旋转法；（3）构成得分。

5.2.6　各因子得分与综合绩效得分

根据各因子得分模型可以分别计算出样本公司五个因子得分，然后以每个因子的方差贡献率占各因子方差贡献率之和的比重作为权数，采用加权平均法计算出综合绩效得分 T，其计算公式为：

$$T = (27.397\% T_1 + 16.609\% T_2 + 16.586\% T_3 + 11.645\% T_4 +$$

$$10.271\% T_5) / 82.508\%$$

$$= 33.205\% T_1 + 20.130\% T_2 + 20.102\% T_3 + 14.114\% T_4 + 12.448\% T_5。$$

从综合绩效得分计算公式可知，盈利能力因子 T_1 对 T 值的影响系数最大（33.205%），偿债能力因子 T_2 和营运能力因子 T_3 对 T 值的影响系数其次（20.130% 和 20.102%），现金流量能力因子 T_4 和发展能力因子 T_5 对 T 值影响系数最小（分别为 14.114% 和 12.448%）。综合绩效得分 T 值越高，说明公司的经营绩效越好。农业上市公司各因子得分与综合绩效得分及排名结果如表 5 – 8 所示。

表5-8　农业上市公司各因子得分与综合绩效得分

股票代码	公司名称	T_1及其排名		T_2及其排名		T_3及其排名		T_4及其排名		T_5及其排名		T及其排名	
000592	平潭发展	0.04565	18	1.06267	3	-1.03537	30	-1.42832	33	0.50886	9	-0.11731	24
000713	丰乐种业	0.08602	17	0.13121	12	0.27043	11	-0.60678	31	-0.54913	26	-0.04466	20
000735	罗牛山	0.80519	6	-0.88145	33	-1.07948	31	-0.46462	26	-1.94733	33	-0.43505	27
000798	中水渔业	-0.98177	29	0.45727	6	0.57945	9	0.19283	9	-0.13268	18	-0.10677	22
000998	隆平高科	1.54977	3	-0.25129	19	-1.10155	32	-0.55291	29	0.89208	7	0.27559	12
002041	登海种业	1.45786	4	0.83880	4	-0.71494	26	-0.16900	16	-1.00031	31	0.36084	8
002069	獐子岛	-1.91879	34	-1.08646	34	0.12765	12	0.29558	8	-0.80826	28	-0.88907	33
002200	云投生态	-1.66325	33	-0.54192	24	-1.51254	33	-1.59255	34	1.20056	4	-1.04075	34
002234	民和股份	-0.24217	22	-0.55796	26	0.75495	8	0.06068	13	0.08205	14	-0.02219	18
002299	圣农发展	0.65184	9	-0.68339	28	1.84304	2	0.54451	7	0.04175	15	0.53141	4
002321	华英农业	0.28847	14	-0.78411	32	-0.01382	14	0.76413	5	0.94308	6	0.16041	14
002458	益生股份	-0.44438	24	-0.40343	22	1.77188	4	0.12983	12	1.37273	3	0.31662	11
002477	雏鹰农牧	-1.13048	30	-0.55041	25	-0.83308	28	-0.57165	30	1.79240	2	-0.51120	29
002679	福建金森	0.77113	7	0.04682	14	-1.56854	34	-0.29728	21	-0.17065	20	-0.11303	23
002696	百洋股份	0.44410	11	0.09090	13	1.81164	3	-0.37023	24	0.58993	8	0.55112	3
002714	牧原股份	2.39811	1	-0.78045	31	-0.23407	18	0.05069	14	2.83410	1	0.95208	1
300087	荃银高科	0.57794	10	-0.09438	17	-0.32204	19	0.14939	11	0.12387	13	0.14467	15
300094	国联水产	0.43991	12	0.03784	15	0.34116	10	-0.85862	32	0.32653	11	0.14173	16
300106	西部牧业	-0.81057	26	-0.71590	29	-0.54683	23	0.58733	6	0.03922	16	-0.43541	28
300189	神农基因	-0.89334	27	1.11354	2	-0.85842	29	4.60632	1	0.97167	5	0.52605	5
600097	开创国际	0.31478	13	0.20989	8	0.81675	7	0.16752	10	0.38692	10	0.38276	7
600108	亚盛集团	0.10050	16	0.01504	16	-0.52848	22	-0.38133	25	-0.39713	25	-0.17309	26
600257	大湖股份	-0.07544	19	0.16452	10	-0.04777	15	-0.36340	23	-0.17743	21	-0.07491	21

续表

股票代码	公司名称	T_1 及其排名		T_2 及其排名		T_3 及其排名		T_4 及其排名		T_5 及其排名		T 及其排名	
600313	农发种业	-0.16874	21	0.60033	5	2.42457	1	-0.51838	27	-0.19986	22	0.45416	6
600354	敦煌种业	-1.45211	31	-0.40051	21	-0.60070	25	-0.29116	20	-0.96176	29	-0.84436	32
600359	新农开发	-0.97826	28	-0.77784	30	-0.58788	24	-0.33853	22	-0.05912	17	-0.65473	30
600371	万向德农	0.72985	8	-0.32638	20	-0.36234	20	1.06283	2	-1.36012	32	0.08451	17
600467	好当家	0.12340	15	-0.49105	23	-0.81303	27	0.78011	4	-0.16392	19	-0.13161	25
600506	香梨股份	-0.51352	25	4.72090	1	-0.38697	21	-0.52310	28	0.18564	12	0.65129	2
600540	新赛股份	-1.49579	32	-0.61828	27	-0.08167	17	-0.25121	18	-0.60027	27	-0.74773	31
600598	北大荒	1.56636	2	-0.17154	18	-0.06428	16	0.78101	3	-2.12879	34	0.31790	10
600965	福成股份	0.97114	5	0.15443	11	0.12021	13	-0.06837	15	-0.37791	24	0.32103	9
600975	新五丰	-0.15905	20	0.29298	7	1.29684	5	-0.23787	17	-0.29392	23	0.19669	13
601118	海南橡胶	-0.39440	23	0.17959	9	1.13524	6	-0.28746	19	-0.96282	30	-0.02703	19

（1）从盈利能力因子 T_1 得分来看，得分大于 0 的公司有 18 家，得分小于 0 的公司有 16 家，盈利能力因子最高得分为 2.39811，最低得分为 -1.91879，平均得分为 -0.0000011765，大部分公司得分在 -1～1 之间，说明农业上市公司整体盈利能力仍有待提高。得分排名前四的公司分别为牧原股份、北大荒、隆平高科、登海种业，四个公司 T_1 得分都超过 1.4，说明这四个公司盈利能力较强。得分排名后五的公司分别为雏鹰农牧、敦煌种业、新赛股份、云投生态、獐子岛，五个公司 T_1 得分都低于 -1，说明这些公司盈利能力较弱，应当改善产品质量，改进营销措施，进而扩大销量，提高销售收入，应加强成本核算和费用管理，通过比价采购降低材料成本，提高员工工作效率降低人工成本，应严格控制各项费用支出，减少和杜绝各种浪费，以提高其盈利能力。

（2）从偿债能力因子 T_2 得分来看，得分大于 0 的公司有 16 家，得分小于 0 的公司有 18 家，偿债能力因子最高得分为 4.7209，最低得分为 -1.08646，两者差距较大，平均得分为 -0.00000059，大部分公司得分在 -1～1 之间，说明农业上市公司总体偿债能力仍有待提高。得分排名前三的公司分别为香梨股份、神农基因、平潭发展，三个公司 T_2 得分都超过 1，说明这三个公司偿债能力较强，其中，香梨股份 T_2 得分达到 4.7209，远高于其他公司，说明其偿债能力优势突出。得分排名后四的公司分别为牧原股份、华英农业、罗牛山、獐子岛，四个公司 T_2 得分都低于 -0.7，说明这些公司偿债能力较差，应正确运用财务杠杆，提高公司资金的安全性，妥善处理好长短期债务的比例关系。

（3）从营运能力因子 T_3 得分来看，得分大于 0 的公司有 13 家，得分小于 0 的公司有 21 家，大部分公司得分小于 0，营运能力因子最高得分为 2.42457，最低得分为 -1.56854，平均得分为 0.000000294，很多公司得分在 -1～1 之间，说明农业上市公司总体营运能力不是很强。得分排名前三的公司分别为农发种业、圣农发展、百洋股份，三个公司 T_3 得分都超过 1.8，说明这三个公司资金周转速度较快、资金利用效率较高、营运能力较强。得分排名后五的公司分别为平潭发展、罗牛山、隆平高科、云投生态、福建金森，

五个公司 T_3 得分都低于 -1，说明这些公司营运能力仍有待提高，应合理配置资源，提高资金的周转速度与利用效率，改善资产的运行状况与管理水平。

（4）从现金流量能力因子 T_4 得分来看，得分大于 0 的公司有 14 家，得分小于 0 的公司有 20 家，大部分公司得分小于 0，现金流量能力因子最高得分为 4.60632，最低得分为 -1.59255，两者差距较大，平均得分为 -0.000000294，很多公司得分在 -1 ~ 1 之间，说明农业上市公司总体现金流量能力仍有待提高。得分排名前两名的公司分别为神农基因和万向德农，两个公司 T_4 得分都超过 1，说明这两个公司现金流量能力较强。得分排名后两名的公司分别为平潭发展和云投生态，两个公司 T_4 得分都低于 -1.4，这两个公司现金流量能力较差，应加强现金流量的管理，增加经营现金净流量，重视现金流量的充分性与稳定性，保持良好的现金流动性，提高现金的利用效率。

（5）从发展能力因子 T_5 得分来看，得分大于 0 的公司有 16 家，得分小于 0 的公司有 18 家，发展能力因子最高得分为 2.8341，最低得分为 -2.12879，两者差距较大，平均得分为 -0.00000059，大部分公司得分在 -1 ~ 1 之间，说明农业上市公司总体发展能力仍有待提高。得分排名前四的公司分别为牧原股份、雏鹰农牧、益生股份、云投生态，四个公司 T_5 得分都超过 1.2，说明这四个公司发展能力较强，前景较好。得分排名后四的公司分别为登海种业、万向德农、罗牛山、北大荒，这些公司发展能力有待提高，可加大前景广阔、符合行业发展趋势的新项目的投入力度，可与高等院校或科研机构联合开发新产品，可提高产品的科技含量，从而提高企业的市场竞争力，增强其发展潜力。

（6）从综合绩效得分 T 来看，综合绩效得分大于零的公司有 17 家，综合绩效得分小于零的公司有 17 家，综合绩效最高得分为 0.95208，综合绩效最低得分为 -1.04075，平均得分为 -0.000000565，农业上市公司综合绩效得分普遍偏低，说明农业上市公司整体经营绩效有待提高。综合绩效得分 T 排名前五的公司分别为牧原股份、香梨股份、百洋股份、圣农发展、神农基因，这五个公司得分都超过 0.5。牧原股份综合得分最高为 0.95208，主要是因为其盈利能力与发展能力优势突出（得分都超过 2，排名都是第一），但其偿债能力因子得分较低（排名 31），该公司偿债能力还有待提高；香梨股份排名第二主要是由于其偿债能力因子得分较高，达到 4.72090（排名第一），远超过其他公司，偿债能力因子得分优势突出，但其盈利能力和现金流量能力得分较低、排名靠后。得分排名后三的公司分别为敦煌种业、獐子岛、云投生态，这三个公司得分都低于 −0.8。云投生态综合得分最低为 −1.04075，主要是由于其盈利能力、营运能力和现金流量能力因子得分都较低（都低于 −1.5），说明该公司亟待加强经营管理，改善其盈利、营运和现金流量能力。獐子岛综合得分较低为 −0.88907，主要是因为其盈利能力和偿债能力因子得分都最低，这与该公司经营管理不善有关，需采取措施改善其盈利能力和偿债能力。敦煌种业综合得分较低为 −0.84436，主要是因为其盈利能力和发展能力因子得分都较低，该公司需采取措施改善其盈利能力和发展能力。

本章运用因子分析法对农业上市公司经营绩效进行分析与评价，在实证研究中从原有指标中提取了五个公因子，并建立了各个因子得分模型与综合绩效得分模型，计算出了样本公司各因子得分与综合绩效得分，分析了不同公司在五个公因子方面所具有的优势与不足。实证分析结果显示，样本公司综合绩效得分普遍偏低，农业上市公司整体经营绩效有待提高。

5.3　提升农业上市公司经营绩效的相关对策

5.3.1　农业上市公司应全面协调发展各单项能力

农业上市公司整体绩效的提高是建立在各单项能力提高的基础之上的，农业上市公司在经营过程中，不能片面追求单项能力的提高，如果只重视某一方面而忽视其他方面的同步发展，势必引起综合绩效的降低。应注重在盈利能力、偿债能力、现金流量能力、营运能力和发展能力方面全面协调发展，不能只注重某一方面，同时也要注重区分主次，应准确地把握自身特点，充分发挥自身优势，改善自身不足，从而使得公司经营绩效不断提升。

5.3.2　农业上市公司应加强现金流量管理

加强现金流量管理是农业上市公司生存的基本要求，可以有效地提高其竞争力，可以保证农业上市公司稳定健康发展。农业上市公司应重视现金流量的充分性与稳定性，保持良好的现金流动性，提高现金的使用效率；应编制好现金预算，利用现金预算可以掌握现金流入与流出情况，根据日常经营需要保留适当的现金余额，及时补充不足现金，合理运用多余现金；应及时编制现金流量表，进行现金流量的结构分析、现金流量趋势分析、现金流量增减变动原因分析、现金流量相关指标分析，以了解其获现能力、盈利质量与支付能力等。

5.3.3　农业上市公司应加强技术与产品创新，提高竞争优势

企业的技术水平、技术创新能力，不但直接决定企业的竞争力，而且对整个产业与经济发展有着重要影响。技术创新是企业创新活动的核心内容，农业上市公司可通过技术创新提高资源的利用效率、降低产品的成本、改善生产工艺、优化作业过程，可采用新技术改善现有农产品的质量或开发出新的产品，从而给企业带来高效益的回报。产品创新是企业发展的动力，农业上市公司应当以消费者需求为基础努力寻找市场上的品种空缺，发掘新型农产品，提前抢占市场先机，还可结合自身优势和本地特色开发优质新型农产品。新技术的产生，通常可以带来全新的产品，而新产品的构想，通常需要新的技术才能实现，农业上市公司应当与科研机构建立技术合作关系，积极培养和引进高科技人才，利用新技术创造新型农产品，开辟新的市场空间，提高企业竞争优势。

5.3.4　政府应当为农业上市公司的发展做好引导，为农业上市公司的发展创造良好的环境

政府应当为农业上市公司做好思想引导、技术引导、信息引导、方向引

导，通过制度创新、农村基础设施投资和农业产供销体制改革等措施，为农业产业化发展创造良好的环境，从而使得农业上市公司能够持续高效发展。如推动农业上市公司与科研单位合作，加速农业科技成果的转化应用，组织专家为农业上市公司提供技术指导和技能培训；通过完善信息服务机制、挖掘多种渠道、建立专门网站等措施，为农业上市公司提供及时的信息服务；指导农业上市公司发展本地有优势和特色的农业产业；引导农业上市公司发展农产品深加工项目，农产品深加工技术含量高、附加值高、发展前景广阔，是农业上市公司发展的重要方向；引导农业上市公司发展高科技农业，虽然其进入壁垒大，存在较高的产品开发与市场风险，但是有利于提高公司利润，经济效益明显。

第 6 章

农业上市公司财务可持续增长
状况实证分析

农业上市公司如何提高财务可持续增长能力是比改善短期经营业绩更亟待解决的问题，财务可持续增长是实现农业上市公司可持续发展的重要保证。从财务角度来看，农业上市公司增长太快或者增长太慢都不利于其长远发展，只有采取增长速度与财务资源相协调的增长方式（即财务可持续增长方式），才能实现其可持续发展。农业上市公司的增长现况如何？是否保持了财务可持续增长？影响农业上市公司财务可持续增长的主要因素是什么？如何采取有利的财务管理策略以保持财务可持续增长？基于这些研究目的，本章对我国农业上市公司可持续增长状况进行实证分析，以帮助农业上市公司确定合理的财务增长速度，从而推动农业上市公司的可持续发展。

6.1 模型选取与说明

本书以罗伯特·希金斯的财务可持续增长模型为理论基础，通过计算农业上市公司的销售净利率、总资产周转率、留存收益率和期初权益乘数，进而按照希金斯的财务可持续增长模型（可持续增长率 = 销售净利率 × 总资产周转率×留存收益率×期初权益乘数）来计算农业上市公司的可持续增长率，表6-1为希金斯模型中的主要变量和定义。对于农业上市公司而言，营业收入是其主要的收入来源，历年营业外收入占总收入比例通常较小，可以忽略不计，所以企业的实际增长率可以用本年营业收入相对于上年营业收入增长的百分比（即营业收入的增长率）来表示，利用营业收入增长率可以很好地反映企业的实际增长情况。

表6-1　　　　　希金斯财务可持续增长模型中的主要变量和定义

变量	符号	变量定义
销售净利率	P	本期净利润/本期营业收入
留存收益率	R	1-本期现金股利/本期净利润
总资产周转率	A	本期营业收入/期末总资产
期初权益乘数	T	期末总资产/期初股东权益
可持续增长率	SGR	销售净利率×总资产周转率×留存收益率×期初权益乘数
实际增长率	g	（本期营业收入-上期营业收入）/上期营业收入

从本质上来看，企业的实际增长率和可持续增长率都是利用销售增长来反映企业的增长速度。可持续增长率是指企业财务资源所能支持的最大销售增长率，实际增长率是指企业当前的实际销售增长速度，这两种比率常常会出现偏差，农业上市公司是否实现了财务可持续增长，关键是检验其实际增长率与可持续增长率之间的关系。我们通过对比分析并实证检验农业上市公司的实际增长率和可持续增长率指标，可以判断农业上市公司的增长速度是否处于合理区间，判断农业上市公司是增长过快还是增长不足，还可以帮助管理者发现公司经营管理中存在的问题。

根据希金斯的财务可持续增长模型，企业的可持续增长率取决于销售净利率、总资产周转率、留存收益率以及权益乘数四个变量。可持续增长率是根据销售净利率、总资产周转率、留存收益率和权益乘数确定的企业销售增长所能达到的最大比率。销售净利率和总资产周转率两者概括了企业运营过程中的经营效率，留存收益率和权益乘数两者概括了企业主要的财务政策，这四个指标与企业可持续增长率之间有着密切联系，能够反映企业财务资源与财务增长之间的协调平衡关系。

（1）销售净利率是揭示企业盈利能力的重要指标，是指企业一定时期实现的净利润与该期销售收入的比值，该指标反映了企业每一元销售收入所能带来的净利润，可以衡量企业在一定时期的销售收入获利能力。企业在增加销售收入的同时，必须相应地获得更多的净利润，才能使销售净利率保持不变或者有所提高。

（2）总资产周转率是反映企业营运能力的重要指标，是指企业一定时期实现的营业收入与资产总额之比，可以反映企业资产投资规模与销售水平之间的配比情况。该指标揭示了企业一定期间总资产的周转速度，体现了企业全部资产的管理质量与利用效率，通常该指标值越高，反映企业总资产周转速度越快，企业资产利用效率越高。通过对比分析同一企业不同期间和同行业不同企业的总资产周转率，可以反映企业总资产的运营效率及其变化，了解企业和同行业企业在资产利用效率上的差距，从而促进企业挖掘潜力、积极创收、提高产品市场占有率、提高资产利用效率。

（3）留存收益率是反映企业资金积累能力的重要指标，该比率从另一个角度反映了企业的股利分配政策。留存收益率是指企业一定时期实现的净利润减去应发现金股利后的余额和税后净利润的比值，该比率揭示了企业的税后净利润有多大比例用于发放股利，有多大比例留在企业用于保留盈余和扩展经营。

（4）权益乘数是反映企业资本结构情况的重要指标，是指企业资产总额相当于股东权益总额的倍数，反映了所有者投入的资本占总资产的比重。该指标越大，揭示了所有者投入的资本占总资产的比重越小，企业的债务程度越高，财务风险越大。企业在财务管理中应当寻求一个最佳资本结构，以实现企业价值最大化目标。

如果公司某一年的四个财务比率有一个或者多个比率提高，实际增长率就会超过上年可持续增长率，而本年的可持续增长率也会超过上年的可持续增长率，这种超常增长是改变财务比率的结果，但是公司不可能每年都提高这四个财务比率，所以这种超过企业可持续增长率的增长会加速企业资源的消耗，并且通常是无法持续的。反之，如果某一年四个财务比率中的一个或多个比率下降，将会导致实际增长率低于上年可持续增长率，从而本年的可持续增长率也会低于上年可持续增长率，这种情况会造成企业资源的浪费，因此，企业应当制定符合自身发展需要的经营战略和财务战略，努力使企业实际增长率与可持续增长率相一致，以实现平衡发展。

6.2　农业上市公司财务可持续增长状况的实证检验

6.2.1　样本公司实际增长率与可持续增长率的描述性统计分析

根据样本公司 2014～2018 年的相关财务数据（营业收入、销售净利率、总资产周转率、留存收益率和权益乘数），可以计算出样本公司 2014～2018 年的实际增长率与可持续增长率。利用 SPSS25.0 统计软件对样本公司实际增长率和可持续增长率进行描述性统计分析，2014～2018 年，样本公司实际增长率与可持续增长率的平均值、极大值、极小值和标准差如表 6－2 所示。从表 6－2 中可以看出，2014～2018 年，样本公司实际增长率的平均值分别为 0.05422671、0.01972709、0.29823462、0.06303247、0.07222053。总体来看，2014～2018 年，样本公司实际增长率一直在波动，呈现先下降后上升、再下降再上升的变动趋势，其中，2016 年样本公司实际增长率均值达到最高，2015 年样本公司实际增长率均值达到最低。从表 6－2 中可以发现，2014～2018 年，样本公司可持续增长率的平均值分别为 0.00382741、－0.02714897、0.03708415、－0.03623694、0.01941776。总体来看，2014～2018 年，样本公司可持续增长率一直在波动，呈现先下降后上升、再下降再上升的变动趋势，其中，2016 年样本公司可持续增长率均值达到最高，2017 年样本公司可持续增长率均值达到最低。2014～2018 年，实际增长率平均值都远高于可持续增长率平均值，各年实际增长率标准差远大于可持续增长率标准差，这可以初步反映样本公司实际增长率与可持续增长率之间有较大的差异。

表 6 - 2　　　　样本公司实际增长率和可持续增长率描述性统计结果

指标	N	极小值	极大值	均值	标准差
2014 年实际增长率	34	− 0.455818	0.708633	0.05422671	0.273719874
2014 年可持续增长率	34	− 0.508219	0.165515	0.00382741	0.112576055
2015 年实际增长率	34	− 0.482462	1.054296	0.01972709	0.265253975
2015 年可持续增长率	34	− 0.556757	0.182456	− 0.02714897	0.145951483
2016 年实际增长率	34	− 0.497604	2.484390	0.29823462	0.583722212
2016 年可持续增长率	34	− 0.573183	0.612247	0.03708415	0.174892090
2017 年实际增长率	34	− 0.610633	0.791399	0.06303247	0.334798295
2017 年可持续增长率	34	− 0.642866	0.140209	− 0.03623694	0.164724292
2018 年实际增长率	34	− 0.619227	1.244223	0.07222053	0.342456341
2018 年可持续增长率	34	− 0.619207	0.513556	0.01941776	0.186371634
有效的 N（列表状态）	34				

企业实际增长率与可持续增长率之间的差异反映了企业实际状况和理想状况之间的差距，这两者间的差距较小，表明企业在经营过程中充分利用了自有资源，同时也没有造成过度消耗。如果企业实际增长率高于可持续增长率，反映企业实际增长速度较快，很可能出现资金短缺；如果企业实际增长率低于可持续增长率，反映企业的财务资源未被充分利用、仍有潜力未被挖掘。企业实际增长率和可持续增长率之间的差距越小越好，但这并不代表两者之间不能存在差异，如果企业实际增长率与可持续增长率两者不一致，企业管理者应及时发现企业存在的问题，并采取适当的财务策略以促进企业实现财务可持续增长。

6.2.2　样本公司是否实现财务可持续增长的假设检验

柯尔莫格洛夫—斯米尔诺夫检验（K - S 检验）作为一种非参数检验方法，用于检验样本来自的总体同某一指定的理论分布（如正态分布、泊松分布、均匀分布、指数分布等）是否一致或者用于比较两个经验分布是否有显著性差异。K - S 检验的基本思路是：将顺序分类数据的理论累积频率分布同观测的经验累积频率分布加以比较，求出它们最大的偏离值，然后在给定的显著性水平上检验这种偏离值是否偶然出现。其零假设是：样本来自的总体与指定的理论分布无显著性差异（即样本来自的总体服从指定的理论分布）或者两个经验分布无显著性差异。如果与 Kolmogorov-Smirnov Z 值所对应的显著性概率小于 0.05，则应拒绝无显著性差异的零假设，即样本来自的总体不服从指定的理论分布；如果与 Kolmogorov-Smirnov Z 值所对应的显著性概率大于 0.05，则应接受无显著性差异的零假设，即样本来自的总体服从指定的理论分布。K－S 检验适用范围广，具有稳健性，在分析两组数据分布是否一致时相当常用。

通过柯尔莫格洛夫—斯米尔诺夫检验可以检验样本公司实际增长率与可持续增长率是否服从正态分布。对样本公司实际增长率的 K－S 检验结果如表 6－3 所示，从表 6－3 可以看出，2014～2018 年，与 Kolmogorov-Smirnov Z 值所对应的显著性概率都大于 0.05，所以不能拒绝实际增长率与正态分布无显著性差异的原假设，即认为 2014～2018 年样本公司实际增长率的分布是正态的。

表 6－3　　　　柯尔莫格洛夫—斯米尔诺夫检验（实际增长率）

实际增长率		2014 年实际增长率	2015 年实际增长率	2016 年实际增长率	2017 年实际增长率	2018 年实际增长率
N		34	34	34	34	34
正态参数	均值	0.05422671	0.01972709	0.29823462	0.06303247	0.07222053
	标准差	0.273719874	0.265253975	0.583722212	0.334798295	0.342456341
最极端差别	绝对值	0.152	0.130	0.256	0.087	0.137
	正	0.152	0.130	0.256	0.069	0.137
	负	−0.107	−0.096	−0.146	−0.087	−0.099
Kolmogorov-Smirnov Z		0.885	0.759	1.494	0.508	0.797
渐近显著性（双侧）		0.414	0.612	0.093	0.959	0.549

注：检验分布为正态分布。

对样本公司可持续增长率的 K－S 检验结果如表 6－4 所示，从表 6－4 可以看出，2014～2018 年，与 Kolmogorov-Smirnov Z 值所对应的显著性概率都小于 0.05，所以应该拒绝可持续增长率与正态分布无显著性差异的原假设，即认为 2014～2018 年样本公司可持续增长率不服从正态分布。

表6－4　　　　　柯尔莫格洛夫—斯米尔诺夫检验（可持续增长率）

可持续增长率		2014年可持续增长率	2015年可持续增长率	2016年可持续增长率	2017年可持续增长率	2018年可持续增长率
N		34	34	34	34	34
正态参数	均值	0.00382741	-0.02714897	0.03708415	-0.03623694	0.01941776
	标准差	0.112576055	0.145951483	0.174892090	0.164724292	0.186371634
最极端差别	绝对值	0.269	0.294	0.266	0.301	0.302
	正	0.201	0.163	0.236	0.184	0.176
	负	-0.269	-0.294	-0.266	-0.301	-0.302
Kolmogorov-Smirnov Z		1.566	1.717	1.551	1.753	1.761
渐近显著性（双侧）		0.015	0.006	0.016	0.004	0.004

注：检验分布为正态分布。

　　通过前面柯尔莫格洛夫—斯米尔诺夫检验，我们知道，样本公司实际增长率与可持续增长率并不都服从正态分布。因此，为检验样本公司实际增长率与可持续增长率是否具有显著性差异，即检验我国农业上市公司是否实现了财务可持续增长，可以采用非参数检验（nonparametric tests）中的威尔科克森符号秩检验法来实现。威尔科克森符号秩检验法将观测值和零假设的中心位置之差的绝对值的秩分别按照不同的符号相加作为其检验统计量，它适用于T检验中的成对比较，但并不要求成对数据之差服从正态分布，只要求对称分布即可。威尔科克森符号秩检验能被用作检验成对观测数据之差是否来自均值为0的总体，即检验相关的样本数据是否具有相似的分布和是否来源于平均值相似的总体。威尔科克森符号秩检验的优点是不要求对样本分布做出任何限制性条件，它不要求样本总体服从正态分布，也不需要对总体分布进行假定。利用威尔科克森符号秩检验可以验证样本公司实际增长率和可持续增长率是否具有显著性差异，如果两者存在显著性差异，还可以利用两者差异的正负号进一步判断样本公司是增长过度还是增长不足。

　　在威尔科克森符号秩检验中，本书提出的零假设为样本公司实际增长率与可持续增长率无显著性差异，即样本公司实现了财务可持续增长。如果与Z统计量相对应的显著性概率P值大于显著性水平0.05，则接受样本公司实际增长率与可持续增长率无显著性差异的假设，即样本公司实现了财务可持续增长；如果与Z统计量相对应的显著性概率P值小于显著性水平0.05，则拒绝样本公司实际增长率与可持续增长率无显著性差异的假设，即样本公司没有实现财务可持续增长。运用SPSS25.0统计软件，对样本公司实际增长率和可持续增长率的威尔科克森符号秩检验结果如表6-5和表6-6所示。从表6-5可以看出，与Z统计量相对应的显著性概率为0.001，小于0.05，这说明应该拒绝无显著性差异的原假设，也就意味着样本公司实际增长率和可持续增长率之间有显著性差异，即样本公司没有实现财务可持续增长。

表6-5　威尔科克森符号秩检验统计量[b]（实际增长率-可持续增长率）

实际增长率-可持续增长率	Z	渐近显著性（双侧）
	-3.200[a]	0.001

注：（1）基于负秩；（2）Wilcoxon带符号秩检验。

表6-6　　　　　　　　　秩计算结果表

实际增长率-可持续增长率	N	秩均值	秩和
负秩	68[a]	76.63	5211.00
正秩	102[b]	91.41	9324.00
结	0[c]		
总数	170		

注：（1）实际增长率<可持续增长率；（2）实际增长率>可持续增长率；（3）实际增长率=可持续增长率。

根据威尔科克森符号秩计算结果，我们可以进一步确认样本公司实际增长过快还是实际增长不足。如果样本公司实际增长率与可持续增长率之差的正秩数与负秩数显著不同，则表明样本公司当前的增长速度不是与自身财务资源相适宜的；如果实际增长率与可持续增长率之差的正秩数明显大于负秩数，则表明样本公司存在增长过快的问题；如果实际增长率与可持续增长率之差的正秩数明显小于负秩数，则表明样本公司存在增长缓慢的问题。从表6-6（秩计算结果表）可以看出，样本公司实际增长率与可持续增长率之差的正秩数为102，占总数的60%（102/170）；负秩数为68，占总数的40%（68/170）；结为0，即没有实际增长率等于可持续增长率的样本数据。所以，我们可以总体上认为2014~2018年农业上市公司的实际增长率超过可持续增长率，实际增长较快。

6.3 农业上市公司财务可持续增长率驱动因素分析

根据罗伯特·希金斯的财务可持续增长模型，企业可持续增长率是销售净利率、总资产周转率、留存收益率与期初权益乘数4个驱动因素共同作用的结果，样本公司2014~2018年销售净利率、总资产周转率、留存收益率、期初权益乘数的描述性统计结果如表6-7所示。

表6-7 影响可持续增长率的4个变量描述性统计结果

指标	N	极小值	极大值	均值	标准差
2014年销售净利率	34	-0.448957	0.361805	0.01788924	0.144927074
2014年总资产周转率	34	0.136927	1.312557	0.51942935	0.270671102
2014年留存收益率	26	-1.805762	1.000000	0.67225027	0.564227680
2014年期初权益乘数	34	0.997627	8.129955	2.32275218	1.487958657
2015年销售净利率	34	-0.735575	0.321049	-0.01146929	0.212784488
2015年总资产周转率	34	0.120258	1.012759	0.46319011	0.227725292
2015年留存收益率	25	-12.070499	1.000000	0.11458348	2.610063900
2015年期初权益乘数	34	1.010574	3.878225	2.19166562	0.816773683
2016年销售净利率	34	-0.682348	0.414188	0.04761138	0.199913390
2016年总资产周转率	34	0.082437	1.080621	0.49182846	0.255642531
2016年留存收益率	29	-0.230090	1.000000	0.74295107	0.296214812
2016年期初权益乘数	34	1.038573	6.026067	2.41689425	1.152482186
2017年销售净利率	34	-0.643310	0.318422	-0.00270074	0.217136652
2017年总资产周转率	34	0.103970	1.091352	0.48114516	0.286254262
2017年留存收益率	25	-0.743544	1.000000	0.65595132	0.424642777
2017年期初权益乘数	34	1.080194	4.247082	2.13015996	0.920635593
2018年销售净利率	34	-1.167145	0.348513	0.02219741	0.261995830
2018年总资产周转率	34	0.098843	1.280378	0.50335488	0.301502490
2018年留存收益率	28	0.200970	1.000000	0.93749475	0.206132320
2018年期初权益乘数	34	0.726937	8.815570	2.25410770	1.545184676

6.3.1 销售净利率——揭示公司盈利能力的重要指标

从表6-7中可以发现，样本公司2014~2018年销售净利率平均值分别为0.01788924、-0.01146929、0.04761138、-0.00270074和0.02219741，其中，2015年销售净利率平均值最低为-0.01146929（小于0），2016年销

售净利率平均值最高为 0.04761138，各年销售净利率极大值和极小值的差距也较大，反映了销售净利率各年波动较大，说明农业上市公司持续盈利能力不佳。农业上市公司可以通过扩大销售收入和降低成本费用来提高销售净利率：公司可通过采取有效的促销方式，做好广告宣传，提高产品和服务质量等措施来扩大销售收入；公司可通过研究成本费用的构成，分析其结构的合理性，重点关注金额较高或者变动较大的成本费用项目，找到控制成本费用的有效措施，应将成本费用的变动情况与销售收入的变动情况进行对比分析。

6.3.2 总资产周转率——揭示公司营运能力的财务指标

从表 6 - 7 中可以发现，样本公司 2014 ~ 2018 年总资产周转率平均值分别为 0.51942935、0.46319011、0.49182846、0.48114516、0.50335488，总体上呈先下降后上升的变动趋势，2015 年总资产周转率平均值最低为 0.46319011，2014 年总资产周转率平均值最高为 0.51942935，各年波动不大，总体来看，农业上市公司总资产周转率偏低，说明农业上市公司总资产周转速度仍有待提高。总资产周转率是衡量企业营运能力的重要指标，总资产周转率越高，说明企业总资产周转速度越快，总资产利用效率越高。企业总资产分为流动资产和非流动资产，应当分析总资产的内部结构，研究流动资产和非流动资产的比例关系是否合理，分析各类流动资产的周转率（存货、应收账款）和非流动资产的周转率，分析各类资产周转率的变动情况，重点关注比重较高、周转较慢的资产项目，应根据实际原因采取有效措施提高总资产周转率。

6.3.3 留存收益率——受公司利润分配政策的影响

从表 6 - 7 中可以看出，样本公司 2014 ~ 2018 年留存收益率平均值分别为 0.67225027、0.11458348、0.74295107、0.65595132、0.93749475，总体是呈先下降后上升的变动趋势，2015 年留存收益率平均值最低为 0.11458348，2018 年留存收益率平均值最高为 0.93749475，反映了留存收益率各年波动较大。留存收益率反映了企业的税后利润有多大比率留在企业用于保留盈余和扩展经营，留存收益是企业内部自有资金来源，可靠性强、成本低，可以增强企业抗风险能力，提高企业经营的稳定性与安全性，企业应当妥善处理好眼前利益与长远利益、企业与投资者间的关系，应当遵循分配与积累并重的原则做好股利分配和收益留存。

6.3.4　权益乘数——衡量公司融资结构的重要指标

从表 6 - 7 中可以看出，样本公司 2014 ~ 2018 年期初权益乘数平均值分别为 2.32275218、2.19166562、2.41689425、2.13015996、2.25410770，2017 年期初权益乘数平均值最低为 2.13015996，2016 年期初权益乘数平均值最高为 2.41689425，权益乘数各年波动不大。权益乘数是企业筹资活动的结果，揭示了投资者投入的资本在总资产中所占的比重。该指标越大，说明所有者投入资本占总资产的比重越小，企业债务资金所占比重越高，可能获取的财务杠杆利益越大，但承担的财务风险也越大；该指标越小，说明所有者投入资本所占比重越大，企业债务资金所占比重越低，可能获取的财务杠杆利益也越小，但偿还债务的保证程度越大，企业承担的财务风险也越小。因此，企业应当适度进行负债经营，合理利用债务资金，寻求资本结构的最优化，以实现企业价值最大化目标。

从表 6 - 2 中可以看出，2014 ~ 2018 年，样本公司实际增长率的平均值分别为 0.05422671、0.01972709、0.29823462、0.06303247、0.07222053；2014 ~ 2018 年，样本公司可持续增长率的平均值分别为 0.00382741、-0.02714897、0.03708415、-0.03623694、0.01941776。从表 6 - 7 可以发现，与 2014 年相比，2015 年样本公司销售净利率的平均值和留存收益率的平均值都有较大幅度的下降，总资产周转率的平均值和期初权益乘数的平均值都有小幅度的下降，从而导致 2015 年可持续增长率平均值的大幅度下降，实际增长率平均值也有较大幅度的下降，由于 2015 年销售净利率的平均值为负数，导致 2015 年可持续增长率的均值也为负数。与 2015 年相比，2016 年样本公司销售净利率的平均值和留存收益率的平均值都有较大幅度上升，总资产周转率的平均值与期初权益乘数的平均值都有小幅度的上升，从而导致

2016 年可持续增长率平均值有较大幅度的上升，实际增长率平均值也有较大幅度的上升。与 2016 年相比，2017 年样本公司销售净利率的平均值有较大幅度的下降，总资产周转率的平均值略有下降，留存收益率的平均值和期初权益乘数的平均值都有小幅度的下降，从而导致 2017 年可持续增长率平均值有较大幅度的下降（小于 0），实际增长率平均值也有较大幅度的下降。与 2017 年相比，2018 年样本公司销售净利率的平均值有较大幅度的上升，总资产周转率的平均值和期初权益乘数的平均值都有小幅度的上升，留存收益率的平均值有一定幅度的上升，从而导致 2018 年可持续增长率的平均值有较大幅度的上升，实际增长率平均值也有小幅度的上升。

6.4 提高农业上市公司财务可持续增长能力的对策建议

6.4.1 农业上市公司应当增强盈利能力

农业上市公司盈利能力是其经营业绩的最终体现，农业上市公司可持续增长与其盈利能力密切相关，盈利能力对可持续增长率影响较大，农业上市公司盈利水平的高低将直接影响其内源资金的多少，应通过增强盈利能力来提高农业上市公司内源性融资能力，使农业上市公司取得更充足的内源资金，以支持其财务可持续增长。农业上市公司应当以内源资金为基础，合理利用外源资金，农业上市公司只有具备可靠的内源融资能力，才能通过发行股票增加权益资本，才能从债权人取得更多的债务资金，否则其外源融资将难以维持。农业上市公司应通过提高销售收入，强化成本费用管理，严控各项支出等措施提高盈利能力。

6.4.2 农业上市公司应当加强资金营运管理，提高其资产营运能力

企业的营运能力揭示了企业资金周转运营状况，体现了企业对资产管理

利用效率的高低。农业上市公司应预测资金需求量，选择适当的筹资方式合理筹集资金，制订资金使用计划，有效地利用各项资金，可通过提高营业收入或者处理闲置资产，合理配置资源，制定灵活的运营机制等措施提高资金的使用效率。农业上市公司应当加强现金管理，在保证企业现金需要的同时，降低企业闲置的现金数量，提高资金收益率，如合理确定最佳现金持有量、采取邮政信箱法加快现金的回收、利用汇票付款和合理利用现金浮游量延缓现金支出；应加强对应收账款的管理以加快资金的回收，如采取有效的信用政策、设置专门的赊销和征信部门、严格赊销手续、加强对应收账款的追踪分析和账龄分析；应加强对存货的管理，提高存货周转速度，如确定经济订货批量、完善存货储存保管制度、采取 ABC 分类法对存货进行分类管理。

6.4.3　农业上市公司应当适度运用财务杠杆，合理调整融资结构，并制定合适的股利分配政策

农业上市公司应当充分发挥财务杠杆的作用，同时，还要考虑尽量降低财务风险，应当将其控制在公司承受能力范围内。股利分配政策既影响农业上市公司的股利发放水平，同时也影响其内部留存收益的金额，内部留存收益可用于公司未来的发展需要。股利分配较少甚至不分配，虽然可以相对增加可用于公司增长需要的内部留存收益，提高公司经营的安全性，然而容易导致股东的不满意；股利分配较多，将相对减少内部留存收益金额，会降低公司的抗风险能力，影响其未来发展，农业上市公司应当正确处理分配和积累的关系。

6.4.4　政府应当加强制度建设，为农业上市公司提供良好的外部环境

政府应当健全相关法律法规，规范市场秩序，制定相应的政策，促进农业上市公司合法合规经营，引导农业上市公司良性运作，例如，可适当降低其上市门槛，鼓励龙头企业积极利用资本市场融资，严格把关农业上市公司

的生产经营活动。政府应加大对农业上市公司的扶持力度，以促进农业产业快速发展，例如，政府通过信贷扶持、税收优惠、财政补贴等措施加大财政政策支持，积极改善农业上市公司投融资环境、竞争环境、科技信息网络、劳动力市场等外部环境，还应进行社会信用制度、环境信息披露、社会责任信息等制度创新，进行农村基础设施投资和农业产供销体制改革，为农业产业化发展创造良好的环境。

第7章

农业上市公司融资结构与财务
可持续增长关系的实证分析

　　财务可持续增长的融资理念并不是要求农业上市公司的实际增长率与可持续增长率保持绝对一致，而是要求当实际增长率与可持续增长率不一致时，无论是超高增长企业还是超低增长企业都应相应调整融资策略，以保证企业的持续健康发展。农业上市公司在制定融资策略时，应在增长速度与财务资源相适应的前提下，合理选择融资方式，适时优化融资结构，以使其实际销售增长率能够保持持续，从而实现其财务可持续增长。本章运用多元回归分析的方法，分别对超高增长组和超低增长组农业上市公司融资结构指标增量（包括内源融资率增量、流动负债融资率增量、非流动负债融资率增量、股权融资率增量）与营业收入增长的关系进行实证研究，以发现农业上市公司营业收入增长与不同融资方式之间的关系，为农业上市公司的融资决策提供一定的依据。

7.1 研究设计

7.1.1 样本选取

本书选取 2014 年 12 月 31 日之前在沪深证券交易所上市的 A 股农业上市

公司为研究样本，同时，在研究中淘汰了被列为 ST 和*ST 的公司以及不能提供完整财务数据的公司，总共得到 34 家公司作为研究样本，利用样本公司 2014~2018 年的财务数据进行实证分析。根据 2014~2018 年样本公司的实际增长率与可持续增长率数据，对样本公司进行分组，其中，各年中实际增长率大于可持续增长率的样本公司分类为超高增长组，各年中实际增长率小于可持续增长率的样本公司分类为超低增长组，数据中没有出现实际增长率等于可持续增长率的公司，因此，我们可以得到两组不同增长类型的公司。各年超高和超低增长公司数量如表 7-1 所示。从表 7-1 中可以看出，2014~2018 年，超高增长组数量共计 102 组，超低增长组数量共计 68 组，2014~2018 年总共得到 170 组样本数据。

表 7-1　　　　　　　超高增长和超低增长公司各年数量分布　　　　单位：组

项目	2014 年	2015 年	2016 年	2017 年	2018 年	合计
超高增长公司数量	18	19	25	23	17	102
超低增长公司数量	16	15	9	11	17	68
合计	34	34	34	34	34	170

7.1.2　变量定义与模型构建

为了研究农业上市公司不同融资方式对财务增长的影响，本章分别对超高增长组和超低增长组营业收入增长率与融资结构变量进行多元回归分析，以发现农业上市公司财务增长与不同融资方式之间的关系，从而为农业上市公司改变超高或超低增长，保持财务可持续增长提供融资决策依据。对企业融资结构和财务增长关系的研究中，许多学者采用的是融资结构指标的存量数据，忽略了融资结构指标的存量数据包含以往的资金积累，而融资结构指标的增量数据更能够反映企业的融资策略变化，更能体现融资结构对财务增长的影响，本书在研究中进一步区分融资增量与融资存量的关系，选取融资结构指标的增量作为自变量。

本章在回归分析中选取的因变量是 2014~2018 年样本公司各年的营业收入增长率（即实际增长率），选取的自变量是 2014~2018 年样本公司各年的内源融资率增量、流动负债融资率增量、非流动负债融资率增量、股权融资率增量，选取公司规模作为控制变量，具体变量定义如表 7 - 2 所示。表 7 - 2 中内源融资率、流动负债融资率、非流动负债融资率、股权融资率均采用表 4 - 2 中的定义。

本章建立的回归方程为：

$$G = b_0 + b_1X_1 + b_2X_2 + b_3X_3 + b_4X_4 + b_5\text{Size} + \varepsilon$$

其中，G 为实际增长率，X_1 为内源融资率增量，X_2 为流动负债融资率增量，X_3 为非流动负债融资率增量，X_4 为股权融资率增量，Size 为公司规模，b_0 为常数项，b_1、b_2、b_3、b_4 为偏回归系数，ε 为随机误差项。

表 7 - 2　　　　　　　　　　　　　变量定义

类型	变量名称	符号	变量定义
被解释变量	实际增长率	G	（本期营业收入 - 上期营业收入）/ 上期营业收入
	内源融资率增量	X_1	本期内源融资率 - 上期内源融资率
	流动负债融资率增量	X_2	本期流动负债融资率 - 上期流动负债融资率
解释变量	非流动负债融资率增量	X_3	本期非流动负债融资率 - 上期非流动负债融资率
	股权融资率增量	X_4	本期股权融资率 - 上期股权融资率
控制变量	公司规模	Size	Ln 总资产

7.1.3　研究假设

假设 1：内源融资率增量与农业上市公司营业收入增长呈显著正相关关系。

罗伯特·希金斯教授认为，由于发行新股融资会受到外界市场的限制，因而它属于企业不可控的财务资源，对比之下，企业在股东认可的股利政策下所取得的留存收益和在一定的财务风险范围内取得的债务资金，才属于企业较易控制的财务资源。梅耶斯的优序融资理论认为，企业内源融资优于外源融资，而在企业外源融资中，债务融资又优于股票融资。合理的融资结构应该以内源融资为主，内源融资是企业最基本的融资方式，它是外源融资的基本保证，没有内源融资，也就无法进行外源融资，内源融资相对于外源融资具有较强的低成本优势，当企业收入增长需要资金支持时，内源融资的低成本优势往往使其成为企业首选的资金来源，因此提出假设1。

假设2：流动负债融资率增量与超高增长农业上市公司营业收入的增长呈显著正相关关系，与超低增长农业上市公司营业收入的增长无显著关系。

企业要实现增长必须要有财务资源的支持，当企业内源资金有限时，企业管理当局就会考虑使用外源融资，外源融资主要包括债务融资和股票融资，其中，债务融资又分为流动负债融资和非流动负债融资。虽然流动负债偿还期较短，会使企业面临流动性风险，但是非流动负债的融资成本一般会高于流动负债融资成本，取得非流动负债也相对更加困难，因此，企业往往更多利用流动负债融资解决其对流动资金的需要。超高增长农业上市公司往往会面临流动资金的缺口，可以利用流动负债作为其流动资金的来源，以实现其营业收入增长。而超低增长农业上市公司往往会有财务资源剩余，其实现增长不需要补充资金，而应该有效利用闲置资金，从而实现企业价值的最大化，因此提出假设2。

假设3：非流动负债融资率增量与超高增长农业上市公司营业收入的增长呈显著正相关关系，与超低增长农业上市公司营业收入的增长无显著关系。

企业债务融资包括流动负债融资和非流动负债融资。由于非流动负债的偿还期较长，企业可以在较长时间内使用这部分资金，短期偿债压力较小，不会导致公司资金不稳定，通过非流动负债融资即能使企业获得财务增长所需资金，又不必面临很高的流动性风险。非流动负债融资可以保持企业原有的股权结构不变和股票价格稳定，不影响原有股东对企业的控制权，由于负债利息具有抵税功能，非流动负债融资资金成本比长期股权融资资金成本更低。对于超高增长组来说，非流动负债融资对农业上市公司具有较强的契约约束力，能够极大地激励企业有效利用这部分资金，从而提高企业的资金使用效率，有利于推动营业收入的增长；对于超低增长组来说，其实现增长往往不需要补充资金，增加非流动负债融资不能显著提高公司营业收入增长率，因此提出假设3。

假设4：股权融资率增量与超高增长农业上市公司营业收入增长的关系

不显著，与超低增长农业上市公司营业收入的增长呈显著负相关关系。

企业的融资决策往往会受很多因素的影响，对于农业上市公司而言，其融资决策更多是受企业所属行业特征、成长特性、规模特性以及市场竞争特性等因素的影响。农业上市公司应该根据自身的情况进行融资，由于我国的金融市场效率不高、市场的人为因素较多、金融工具匮乏等原因，导致上市公司利用发行股票、配股融资后，不能够很好地保护投资者的利益，经常会实行内部人控制，进行股权融资的目的经常与企业价值创造无关，最终造成股权融资不能够很好地推动企业的营业收入增长。对于超高增长组来说，增加股权融资尽管能为农业上市公司财务增长提供资金支持，但股权融资的资金成本要高于负债融资，而且会引起流通在外的普通股股数的增加，导致每股收益和股价下跌，增加股权融资并不能显著提高其营业收入增长率；而对于超低增长组来说，其实现增长往往不需要补充资金，在信息不对称情况下，如果企业增发股票融资，往往会被市场误解，认为企业前景不佳，投资者会调低对企业现有股票和新发行股票的估价，从而导致企业股价下跌，企业市场价值降低，企业股价下跌又会提高企业的融资成本，增加股权融资不但不能够提高其营业收入增长率，反而会降低其营业收入增长率，因此提出假设 4。

7.2　融资结构指标增量的描述性统计分析

7.2.1　超高增长组描述性统计分析

根据超高增长样本公司 2013～2018 年融资结构指标数据，计算其 2014～2018 年内源融资率增量、资产负债率增量、股权融资率增量、流动负债融资率增量、非流动负债融资率增量、商业信用融资率增量、短期借款融资率增量、长期借款融资率增量、债券融资率增量、其他债务融资率增量，利用SPSS25.0 统计软件对超高增长样本公司融资结构指标增量进行描述性统计分析，结果如表 7-3 所示。从表 7-3 可以看出，超高增长样本公司内源融资

率增量的均值为 - 0.01845335，资产负债率增量的均值为 0.00661663，股权融资率增量的均值为 0.01207643，其中，股权融资率增量的均值最高，说明超高增长组内源融资率总体在下降、资产负债率总体在上升、股权融资率总体在上升，其中股权融资率提高最多。从表 7 - 3 可以发现，超高增长样本公司流动负债融资率增量的均值为 0.00636792，非流动负债融资率增量的均值为 0.00024871，说明超高增长样本公司流动负债融资率和非流动负债融资率总体都在上升，债务融资率的提高以流动负债融资率上升为主；商业信用融资率增量的均值为 0.00513020，短期借款融资率增量的均值为 - 0.00974791，长期借款融资率增量的均值为 0.00007318，债券融资率增量的均值为 - 0.00106597，其他债务融资率增量的均值为 0.01222713，说明在债务资金来源中，商业信用融资率、长期借款融资率和其他债务融资率总体都在上升，其中，其他债务融资率和商业信用融资率上升较多，而短期借款融资率和债券融资率总体都在下降，债务融资率的提高主要是由于其他债务融资率和商业信用融资率上升引起的。

表 7 - 3　　　　超高增长组融资结构指标增量的描述性统计结果

指标	N	极小值	极大值	均值	标准差
内源融资率增量	102	- 0.266886	0.307243	- 0.01845335	0.079280568
资产负债率增量	102	- 0.577988	0.263803	0.00661663	0.121515554
股权融资率增量	102	- 0.216268	0.316363	0.01207643	0.098972552
流动负债融资率增量	102	- 0.530059	0.287292	0.00636792	0.112918938
非流动负债融资率增量	102	- 0.170305	0.174657	0.00024871	0.057442352
商业信用融资率增量	102	- 0.110068	0.187781	0.00513020	0.041204003
短期借款融资率增量	102	- 0.487388	0.245323	- 0.00974791	0.091743050
长期借款融资率增量	102	- 0.173977	0.198993	0.00007318	0.054002479
债券融资率增量	102	- 0.148683	0.108319	- 0.00106597	0.027654480
其他债务融资率增量	102	- 0.145957	0.224091	0.01222713	0.058784885
有效的 N（列表状态）	102				

7.2.2　超低增长组描述性统计分析

根据超低增长样本公司 2013～2018 年融资结构指标数据，计算其 2014～2018 年内源融资率增量、资产负债率增量、股权融资率增量、流动负债融资率增量、非流动负债融资率增量、商业信用融资率增量、短期借款融资率增量、长期借款融资率增量、债券融资率增量、其他债务融资率增量，利用SPSS25.0 统计软件对超低增长样本公司融资结构指标增量进行描述性统计分析，结果如表 7 - 4 所示。从表 7 - 4 可以看出，超低增长样本公司内源融资率增量的均值为 0.00539257，资产负债率增量的均值为 - 0.01054989，股权融资率增量的均值为 0.00693302，其中，股权融资率增量的均值最高，说明超低增长组内源融资率总体在上升、资产负债率总体在下降、股权融资率总体在上升，其中股权融资率提高最多。从表 7 - 4 可以发现，超低增长样本公司流动负债融资率增量的均值为 - 0.01209259，非流动负债融资率增量的均值为 0.00154270，说明超低增长样本公司流动负债融资率总体在下降，非流动负债融资率总体在上升，债务融资率的下降主要是由于流动负债融资率的下降引起的；商业信用融资率增量的均值为 - 0.00115091，短期借款融资率增量的均值为 - 0.00762686，长期借款融资率增量的均值为 - 0.00203441，债券融资率增量的均值为 0.00004318，其他债务融资率增量的均值为0.00021913，说明在债务资金来源中，商业信用融资率、短期借款融资率和长期借款融资率总体都在下降，其中短期借款融资率下降最多，而债券融资率和其他债务融资率总体都在上升，债务融资率的下降主要是由于借款融资率的下降引起的。

表 7 - 4　　　　超低增长组融资结构指标增量的描述性统计结果

指标	N	极小值	极大值	均值	标准差
内源融资率增量	68	- 0.153191	0.141526	0.00539257	0.050252153
资产负债率增量	68	- 0.324862	0.189806	- 0.01054989	0.087775648
股权融资率增量	68	- 0.145522	0.388083	0.00693302	0.088832292
流动负债融资率增量	68	- 0.316276	0.237546	- 0.01209259	0.088815491
非流动负债融资率增量	68	- 0.259500	0.172556	0.00154270	0.051915092
商业信用融资率增量	68	- 0.110758	0.101515	- 0.00115091	0.038695012
短期借款融资率增量	68	- 0.373489	0.122136	- 0.00762686	0.061007923
长期借款融资率增量	68	- 0.256188	0.115124	- 0.00203441	0.039252480
债券融资率增量	68	- 0.098966	0.156372	0.00004318	0.023194789
其他债务融资率增量	68	- 0.188578	0.187635	0.00021913	0.056205424
有效的 N（列表状态）	68				

7.3　营业收入增长与融资结构指标增量的回归分析

7.3.1　超高增长组多元回归分析

为了研究超高增长组农业上市公司不同融资方式对财务增长的影响，对超高增长组营业收入增长率与融资结构指标增量进行多元回归分析，结果如表7-5、表7-6、表7-7所示。对于多元线性回归模型的拟合效果，一般采用调整的判定系数（adjusted R square）来判断，对超高增长组进行多元回归分析得到的 R^2 值为0.214，调整 R^2 值为0.173（见表7-5），说明模型拟合程度不是很理想。通过超高增长组的方差分析表（见表7-6），我们可以看到，回归方程的 F 统计量值为5.216，与 F 值相对应的概率 $P = 0.000 < 0.10$，揭示了拟合的模型是有统计学意义的。

通过超高增长组的回归系数表（见表7-7），我们可以发现，内源融资率增量的非标准化偏回归系数为4.188，标准化回归系数为0.841，t 检验值 =2.619，概率 $P = 0.010 < 0.10$，通过了 $\alpha = 0.10$ 的显著性水平检验，揭示了内源融资率增量与实际增长率呈显著正相关关系；流动负债融资率增量的非标准化偏回归系数为1.928，标准化回归系数为0.551，t 检验值 =1.560，概率 $P = 0.093 < 0.10$，通过了 $\alpha = 0.10$ 的显著性水平检验，揭示了流动负债融资率增量与实际增长率呈显著正相关关系；非流动负债融资率增量的非标准化偏回归系数为2.876，标准化回归系数为0.418，t 检验值 =1.758，概率 $P = 0.075 < 0.10$，通过了 $\alpha = 0.10$ 的显著性水平检验，揭示了非流动负债融资率增量与实际增长率呈显著正相关关系；股权融资率增量的非标准化偏回归系数为1.543，标准化回归系数为0.387，t 检验值 =1.089，概率 $P = 0.279 > 0.10$，没有通过 $\alpha = 0.10$ 的显著性水平检验，揭示了股权融资率增量与实际增长率不具有显著相关关系，即股权融资率增量对实际增长率的影响不显著；公司规模的非标准化偏回归系数为0.044，标准化回归系数为0.097，t 检验值 =1.033，概率 $P = 0.304 > 0.10$，没有通过 $\alpha = 0.10$ 的显著性水平检验，揭示了公司规模与实际增长率不具有显著相关关系，即公司规模对实际增长率的影响不显著。

总体来看，超高增长农业上市公司内源融资率增量、流动负债融资率增量和非流动负债融资率增量对营业收入增长有显著的促进作用，首先是内源融资率增量对营业收入的增长有最大的促进作用，其次是非流动负债融资率增量，然后是流动负债融资率增量，股权融资率增量和公司规模对营业收入增长的影响不显著。

表7-5　　　　　　　　　　　模型汇总

模型	R	R^2	调整 R^2	标准估计的误差
1	0.462	0.214	0.173	0.359117449

注：预测变量为常量、公司规模、内源融资率增量、流动负债融资率增量、非流动负债融资率增量、股权融资率增量。

表7-6　　　　　　　　　　　方差分析

模型		平方和	df	均方	F	Sig.
1	回归	3.363	5	0.673	5.216	0.000
	残差	12.381	96	0.129		
	总计	15.744	101			

注：（1）预测变量为常量、公司规模、内源融资率增量、流动负债融资率增量、非流动负债融资率增量、股权融资率增量；（2）因变量为超高增长组实际增长率。

表7-7　　　　　　　　　　　回归系数

模型		非标准化系数		标准系数	t	Sig.
		B	标准误差			
1	（常量）	-0.656	0.943		-0.696	0.488
	内源融资率增量	4.188	1.599	0.841	2.619	0.010
	流动负债融资率增量	1.928	1.439	0.551	1.560	0.093
	非流动负债融资率增量	2.876	1.636	0.418	1.758	0.075
	股权融资率增量	1.543	1.418	0.387	1.089	0.279
	公司规模	0.044	0.043	0.097	1.033	0.304

注：因变量为超高增长组实际增长率。

7.3.2　超低增长组多元回归分析

为了研究超低增长组农业上市公司不同融资方式对财务增长的影响，对超低增长组营业收入增长率与融资结构指标增量进行多元回归分析，结果如表7-8、表7-9、表7-10所示。对超低增长组进行多元回归分析得到的 R^2

值为 0.204，调整 R^2 值为 0.140（见表 7 - 8），说明模型拟合效果不是很理想。通过超低增长组的方差分析表（见表 7 - 9），我们可以看到，回归方程的 F 统计量值为 3.180，与 F 值相对应的概率 P = 0.013 < 0.10，揭示了拟合的模型是有统计学意义的。

通过超低增长组的回归系数表（见表 7 - 10），我们可以发现，内源融资率增量的非标准化偏回归系数为 0.827，标准化回归系数为 0.359，t 检验值 = 1.840，概率 P = 0.078 < 0.10，通过了 α = 0.10 的显著性水平检验，揭示了内源融资率增量与实际增长率呈显著正相关关系；流动负债融资率增量的非标准化偏回归系数为 - 0.162，标准化回归系数为 - 0.078，t 检验值 = - 0.304，概率 P = 0.762 > 0.10，没有通过 α = 0.10 的显著性水平检验，揭示了流动负债融资率增量与实际增长率不具有显著相关关系，即流动负债融资率增量对实际增长率的影响不显著；非流动负债融资率增量的非标准化偏回归系数为 - 0.426，标准化回归系数为 - 0.121，t 检验值 = - 0.640，概率 P = 0.524 > 0.10，没有通过 α = 0.10 的显著性水平检验，揭示了非流动负债融资率增量与实际增长率不具有显著相关关系，即非流动负债融资率增量对实际增长率的影响不显著；股权融资率增量的非标准化偏回归系数为 - 0.904，标准化回归系数为 - 0.438，t 检验值 = - 1.964，概率 P = 0.054 < 0.10，通过了 α = 0.10 的显著性水平检验，揭示了股权融资率增量与实际增长率呈显著负相关关系；公司规模的非标准化偏回归系数为 0.025，标准化回归系数为 0.127，t 检验值 = 1.091，概率 P = 0.279 > 0.10，没有通过 α = 0.10 的显著性水平检验，揭示了公司规模与实际增长率不具有显著相关关系，即公司规模对实际增长率的影响不显著。

总体来看，超低增长农业上市公司内源融资率增量对营业收入增长有显著的促进作用，股权融资率增量与营业收入增长率显著负相关，流动负债融资率增量、非流动负债融资率增量和公司规模对营业收入增长的影响不显著。

表 7 - 8　　　　　　　　　　　　　　模型汇总

模型	R	R^2	调整 R^2	标准估计的误差
1	0.452	0.204	0.140	0.170156320

注：预测变量为常量、公司规模、内源融资率增量、流动负债融资率增量、非流动负债融资率增量、股权融资率增量。

表7－9　　　　　　　　　　　　方差分析

模型		平方和	df	均方	F	Sig.
1	回归	0.460	5	0.092	3.180	0.013
	残差	1.795	62	0.029		
	总计	2.255	67			

注：（1）预测变量为常量、公司规模、内源融资率增量、流动负债融资率增量、非流动负债融资率增量、股权融资率增量；（2）因变量为超低增长组实际增长率。

表7－10　　　　　　　　　　　　回归系数

模型		非标准化系数		标准系数	t	Sig.
		B	标准误差			
1	（常量）	－0.698	0.502		－1.390	0.169
	内源融资率增量	0.827	0.618	0.359	1.840	0.078
	流动负债融资率增量	－0.162	0.531	－0.078	－0.304	0.762
	非流动负债融资率增量	－0.426	0.666	－0.121	－0.640	0.524
	股权融资率增量	－0.904	0.460	－0.438	－1.964	0.054
	公司规模	0.025	0.023	0.127	1.091	0.279

注：因变量为超低增长组实际增长率。

7.4　营业收入增长与融资结构指标增量的回归分析结论

通过前面对超高增长组农业上市公司和超低增长组农业上市公司的实证分析，得到如下结论。

（1）内源融资率增量与超高和超低增长的农业上市公司营业收入增长呈显著的正相关关系，内源融资率的增加对超高和超低增长的农业上市公司营业收入增长起着积极的促进作用，在超高增长的农业上市公司中其作用程度是第一位的，实证研究结果表明假设1是成立的。

一方面，根据梅耶斯的优序融资理论，当企业收入增长需要资金支持时，内源融资由于其低成本优势，往往成为企业首选的资金来源，它与企业营业收入增长有着更直接的联系。另一方面，当企业的财务政策没有发生明显变化时，营业收入增长本身会引起企业净利润增加，进而引起企业留存收益的增加，留存收益本身与营业收入有着紧密的联系。

（2）流动负债融资率增量与超高增长农业上市公司营业收入的增长呈显

著正相关关系，与超低增长农业上市公司营业收入的增长无显著关系，实证结果表明假设 2 成立。

根据梅耶斯的优序融资理论，当企业内源资金不足时，其次选择的资金来源就是企业的债务融资，债务融资又分为流动负债和非流动负债，相比非流动负债的高成本，流动负债更适合解决企业对流动资金的需求。对于超高增长农业上市公司，其高速的销售增长会面临大量的流动资金需求，当内源融资不足以弥补高速增长所引起的流动资金缺口时，流动负债就会成为其次选择的流动资金来源，流动负债增加的越多，企业的销售增长就会越快。对于超低增长农业上市公司，理论上应该有财务资源剩余，实现增长不需要补充资金，本不应该对流动资金产生迫切的需求，然而，如果这类企业销售净利率和资产周转率显著降低，就会导致原有流动资金生成和回笼速度下降，在这种情况下才会迫不得已增加流动负债，其作用主要在于弥补流动资金效率下降所引起的资金缺口，而不是用于支持销售收入增长。

（3）非流动负债融资率增量与超高增长农业上市公司营业收入的增长呈显著正相关关系，与超低增长农业上市公司营业收入的增长无显著关系，实证结果表明假设 3 成立。

非流动负债的偿还期较长，能使农业上市公司既获得所需资金，又不必面临很高的流动性风险。对于超高增长组来说，非流动负债融资对农业上市公司具有较强的契约约束力，它能够极大地激励农业上市公司有效利用这部分资金，从而提高其资金使用效率，虽然非流动负债在样本公司债务资金中所占的比重较低，但是非流动负债对超高增长样本公司营业收入增长的促进作用却比较显著。对于超低增长组来说，其实现增长往往不需要补充资金，增加非流动负债融资不能显著提高公司营业收入增长率。

（4）股权融资率增量与超高增长农业上市公司营业收入增长的关系不显著，与超低增长农业上市公司营业收入的增长呈显著负相关关系，实证结果表明假设 4 成立。

尽管对于超高和超低增长的农业上市公司来说，外部股权融资在其资金来源中所占比重都是最高的，但是，通过回归分析我们发现，股权融资率的增加并不能显著提高农业上市公司营业收入增长率。对于超高增长的农业上市公司，真正促进其营业收入增长的是内源融资、流动负债融资和非流动负债融资的增加，超高增长的农业上市公司在进行内源融资、负债融资之后，其资金往往已经可以支持其营业收入增长，这类企业进行股权融资的目的主要不是为了提高企业的收入，也就是说，并非为了营业收入增长而进行股权融资。根据梅耶斯的优序融资理论，企业内源融资优于外源融资，而在企业外源融资中债务融资又优先于股权融资，由于股权融资的资金成本要高于负债融资，而且会引起流通在外的普通股股数的增加，导致每股收益和股价下跌，在信息不对称的情况下，企业应尽量避免发行普通股来融资，所以，增加股权融资率并不能显著提高其营业收入增长率。

对于超低增长的农业上市公司，在当前的经营效率和财务政策下，产生的资金超过了支持销售增长的需要，理论上应该有资金剩余，剩余的资金可以用来投资能够创造价值的项目，以实现企业价值最大化，这类企业进行股权融资的作用或是弥补企业现有项目效率降低所形成的资金漏洞，或是投资于不产生收入和利润的项目，往往与企业价值创造无关，而且在信息不对称情况下，如果企业增发股票融资，往往会被市场误解，认为企业前景不佳，容易导致企业股价下跌，企业市场价值降低，股权融资率的增加不但不能提高其营业收入增长率，反而会降低其营业收入增长率。

第8章
研究结论与相关策略

本书从财务可持续增长的角度出发，研究我国农业上市公司如何优化融资结构以实现财务可持续增长的问题。在本书第 2 章分别对国内外关于财务可持续增长、融资结构以及财务可持续增长与融资关系的相关文献进行了梳理，以了解国内外相关研究现状。在本书第 3 章分别介绍了财务可持续增长的概念、财务可持续增长模型、融资和融资结构的概念、融资结构的相关理论，分析了财务可持续增长与融资之间的内在联系，提出了基于财务可持续增长的融资目标，本章为后面实证研究部分提供了理论支撑。在本书第 4 ~ 7 章实证研究部分，选取 2014 年 12 月 31 日之前在沪深证券交易所上市的 A 股农业上市公司为研究样本，同时，在研究中淘汰了被列为 ST 和 *ST 的公司以及不能提供完整财务数据的公司，总共得到 34 家公司作为研究样本，利用样本公司 2014 ~ 2018 年的财务数据，分别对样本公司的融资结构状况、经营绩效状况、可持续增长状况、融资结构与营业收入增长的关系进行实证分析，从而为农业上市公司制定融资策略、优化融资结构、保持财务可持续增长提供参考。

8.1 研究结论

在本书第 4 章，选取内源融资率反映样本公司内源融资情况，选取资产负债率反映样本公司总体债务融资情况，选取流动负债融资率、非流动负债融资率反映样本公司债务融资期限结构情况，选取商业信用融资率、短期借款融资率、长期借款融资率、债券融资率、其他债务融资率反映样本公司债务融资来源结构情况，选取股权融资率反映样本公司总体股权融资情况，选取流通股比例、非流通股比例、国有股比例、法人股比例反映样本公司股权性质情况，选取第一大股东持股比例、前三大股东持股比例、前五大股东持股比例反映样本公司股权集中度情况。通过研究发现：（1）在农业上市公司资金来源中，股权融资率最大，其次是资产负债率，内源融资率最小，其中，股权融资率略高于资产负债率；农业上市公司内源融资以留存收益为主；债务融资是以流动负债为主，非流动负债所占比重较小。（2）农业上市公司债务融资来源中，短期借款融资最多，其次是其他债务融资，然后是商业信用融资，接着是长期借款融资，最后是债券融资，农业上市公司长期借款和债券融资能力都有待提高。（3）农业上市公司各年流通股比例远远超过非流通股比例，农业上市公司股权结构以流通股为主，大部分农业上市公司国有股和法人股所占比重较低，总体来看，法人股所占比重要高于国有股所占比重；农业上市公司第一大股东持股比例均值在35%左右，前三大股东持股比例近45%，前五大股东持股比例近50%，反映农业上市公司股权比较集中。通过对样本公司融资结构的实证分析，揭示了农业上市公司融资结构的特点和存在的主要问题，为农业上市公司的融资决策提供了一定的参考。

在本书第5章，分别从盈利能力、偿债能力、营运能力、发展能力、现金流量能力五个方面选取了16项财务指标，用于构建农业上市公司经营绩效评价指标体系，采用因子分析法对农业上市公司经营绩效进行分析与评价。通过研究发现：（1）盈利能力因子 T_1 得分大于0的公司有18家，得分小于0的公司有16家，最高得分为2.39811，最低得分为 -1.91879，平均得分为 -0.0000011765，大部分公司得分在 $-1\sim1$ 之间，说明农业上市公司整体盈利能力仍有待提高。（2）偿债能力因子 T_2 得分大于0的公司有16家，得分小于0的公司有18家，最高得分为4.7209，最低得分为 -1.08646，两者差距较大，平均得分为 -0.00000059，大部分公司得分在 $-1\sim1$ 之间，说明农业上市公司总体偿债能力仍有待提高。（3）营运能力因子 T_3 得分大于 0 的公司有 13 家，得分小于 0 的公司有 21 家，大部分公司得分小于 0，最高得分为 2.42457，最低得分为 -1.56854，平均得分为 0.000000294，说明农业上市公司总体营运能力不是很强。（4）现金流量能力因子 T_4 得分大于 0 的公司有 14 家，得分小于 0 的公司有 20 家，大部分公司得分小于 0，最高得分为 4.60632，最低得分为 -1.59255，两者差距较大，平均得分为 -0.000000294，说明农业上市公司总体现金流量能力仍有待提高。（5）发展能力因子 T_5 得分大于 0 的公司有 16 家，得分小于 0 的公司有 18 家，最高得分为 2.8341，最低得分为 -2.12879，两者差距较大，平均得分为 -0.00000059，大部分公司得分在 -1~1 之间，说明农业上市公司总体发展能力仍有待提高。（6）综合绩效得分大于零的公司有 17 家，综合绩效得分小于零的公司有 17 家，最高得分为 0.95208，最低得分为 -1.04075，平均得分为 -0.000000565，农业上市公司综合得分普遍偏低，说明农业上市公司整体经营绩效有待提高。农业上市公司应全面协调发展各单项能力，加强现金流量管理，加强技术与产品创新，提高竞争优势。

在本书第 6 章，以罗伯特·希金斯的财务可持续增长模型为理论基础，通过计算农业上市公司的销售净利率、总资产周转率、留存收益率和期初权益乘数，进而按照希金斯的财务可持续增长模型来计算农业上市公司的可持续增长率，通过对比分析并实证检验农业上市公司的实际增长率和可持续增长率指标，判断农业上市公司是否实现了财务可持续增长，判断农业上市公司是增长过快还是增长不足。（1）通过描述性统计分析可以发现，2014~2018 年，样本公司实际增长率平均值都远高于可持续增长率平均值，各年实际增长率标准差远大于可持续增长率标准差，初步反映了样本公司实际增长率与可持续增长率之间有较大的差异。（2）通过柯尔莫格洛夫—斯米尔诺夫检验可以发现，2014~2018 年，样本公司实际增长率的分布是正态的，2014~2018 年，样本公司可持续增长率不服从正态分布。（3）通过威尔科克森符号秩检验可以发现，样本公司实际增长率和可持续增长率之间有显著性差异，即样本公司没有实现财务可持续增长，根据威尔科克森符号秩计算结果，进一步发现了 2014～2018 年农业上市公司总体实际增长较快。（4）根据罗伯特·希金斯的财务可持续增长模型，企业可持续增长率是销售净利率、总资产周转率、留存收益率与权益乘数 4 个驱动因素共同作用的结果，销售净利率是揭示公司盈利能力的重要指标，总资产周转率是揭示公司营运能力的财务指标，留存收益率受公司利润分配政策的影响，权益乘数是衡量公司资本结构的重要指标。通过描述性统计分析可以发现，样本公司销售净利率偏低，各年波动较大，说明农业上市公司持续盈利能力不佳；样本公司总资产周转率总体偏低，说明农业上市公司总资产周转速度仍有待提高；样本公司留存收益率各年波动较大，样本公司权益乘数基本在 2 以上，各年波动不大。

在本书第 7 章，首先对样本公司进行分组，其中，各年中实际增长率大于可持续增长率的样本公司分类为超高增长组，各年中实际增长率小于可持续增长率的样本公司分类为超低增长组，数据中没有出现实际增长率等于可持续增长率的公司，因此，可以得到两组不同增长类型的公司。本章运用多元回归分析的方法分别对超高增长组和超低增长组农业上市公司融资结构指标增量（包括内源融资率增量、流动负债融资率增量、非流动负债融资率增量、股权融资率增量）与营业收入增长率的关系进行实证研究，以发现农业上市公司营业收入增长与不同融资方式之间的关系，从而为农业上市公司改变超高或超低增长，保持财务可持续增长提供融资决策依据。（1）通过描述性统计分析可以发现：超高增长组内源融资率总体在下降、资产负债率总体在上升、股权融资率总体在上升，其中股权融资率提高最多，流动负债融资率和非流动负债融资率总体都在上升，债务融资率的提高以流动负债融资上升为主；超低增长组内源融资率总体在上升、资产负债率总体在下降、股权融资率总体在上升，其中股权融资率提高最多，流动负债融资率总体在下降、非流动负债融资率总体在上升，债务融资率的下降主要是由于流动负债融资率的下降引起的。（2）通过回归分析发现：超高增长农业上市公司内源融资率增量、流动负债融资率增量和非流动负债融资率增量与营业收入增长率呈显著正相关关系，其中，内源融资率增量对营业收入增长有最大的促进作用，其次是非流动负债融资率增量，然后是流动负债融资率增量，股权融资率增量和公司规模对营业收入增长的影响不显著；超低增长农业上市公司内源融资率增量对营业收入增长有显著的促进作用，股权融资率增量与营业收入增长率显著负相关，流动负债融资率增量、非流动负债融资率增量和公司规模对营业收入增长的影响不显著。这一分析结果为农业上市公司的融资决策提供了一定的依据，我国农业上市公司为实现财务可持续增长，在做出融资决策的时候应充分考虑不同的融资方式与营业收入增长之间的关系。

8.2　财务可持续增长目标下农业上市公司融资结构优化策略

基于前面的理论分析和实证研究结果，进一步提出财务可持续增长目标下农业上市公司融资结构优化策略，主要有以下几个方面。

8.2.1　树立财务可持续增长的融资理念

财务可持续增长的融资理念要求企业在经营中充分考虑财务资源与财务增长的平衡关系，注重企业内部自有资金的积累，等待好的投资机会，为企业未来的增长预留足够的财务资源，在企业没有好的投资机会时，应当采取理性的管理策略，避免盲目融资。农业上市公司管理者必须加强对财务可持续增长的理解，提高自身的管理决策水平，合理制定企业未来的财务增长计划。企业的实际增长率和可持续增长率都是动态变化的，管理者可依据财务可持续增长模型计算可持续增长率，并将其与实际增长率进行比较，从而判断企业的增长状况。财务可持续增长的融资理念并不是要求农业上市公司的实际增长率与可持续增长率保持绝对一致，而是要求当实际增长率与可持续增长率不一致时，无论是超高增长农业上市公司还是超低增长农业上市公司都应相应调整融资策略，适时优化融资结构，以使其财务增长和财务资源相平衡，从而实现财务可持续增长，进而促进企业的持续健康发展。

对于超高增长农业上市公司，其实际增长率高于可持续增长率，其高速增长必然引起对应收账款、存货和固定资产等资产投入的增加，也必然会引起其资金需求量增加，超高增长农业上市公司必须解决由于过快增长而产生的资金需求问题，内源资金往往不能满足这类农业上市公司销售增长的需要，需要增加外源融资来弥补销售增长所带来的资金不足，企业可以通过增加留存收益、增加债务资本等方法缓解资金短缺的压力。对于超低增长农业上市公司，其实际增长率低于可持续增长率，这类农业上市公司在当前的经营效率和财务政策下产生的资金超过了支持销售增长的需要，通常会有财务资源闲置，其实现销售增长往往不需要补充资金，一般不会考虑外源融资，而是应该有效利用闲置资金，可通过提高股息发放率、增加投资等方法灵活运用资金，以实现企业价值最大化。从长远来看，企业的实际增长率经常围绕可持续增长率上下波动。

8.2.2 以内源融资为基础，外源融资作补充

根据梅耶斯的优序融资理论，企业内源融资优于外源融资，而在企业外源融资中，债务融资又优于股票融资。合理的融资结构应该以内源融资为主，内源融资是企业最基本的融资方式，它是外源融资的基本保证，没有内源融资，也就无法进行外源融资，内源融资相对于外源融资具有较强的成本优势。由于企业内部积累能力有限，仅仅依靠内部资金必然会限制其财务增长，内源融资往往难以满足高增长企业的全部资金需求，此时，企业就不得不借助于外源融资。外源融资能够快速地筹得大量资金，增强企业市场竞争力，并实现企业快速扩张。但是，如果企业的生产经营活动完全依赖外源融资而缺乏内源融资的能力，该企业的外源融资将不能够长期维持。只有企业拥有可靠的内源融资，才能吸引更多的投资者，才能获得更多的借入资本，内源融资为外源融资提供了基本保证。

农业上市公司融资结构优化首先要考虑的是内源融资与外源融资的比例问题。农业上市公司内源资金的多少主要与企业的经营效率和财务政策有关，具体涉及企业的盈利能力、营运能力和股利分配能力等。农业上市公司应当重点从以下几个方面增强内源融资能力：（1）提高企业盈利能力。盈利水平的高低将直接影响企业内源资金的多少，是企业得以持续增长的关键动因。

（2）提高企业的资金利用效率。企业资金利用效率的提高，会相对增加企业的内源资金。（3）制定合理的股利政策。企业股利分配的多少，会直接影响企业留存收益的多少。农业上市公司应在内源融资的基础上，合理安排外源融资，以外源融资作补充，达到实现企业财务可持续增长的目的。

8.2.3 提倡外源融资中"债务优先"

希金斯教授的财务可持续增长模型将反映企业经营效率的指标（销售净利率和总资产周转率）和财务政策的指标（留存收益率和权益乘数）结合起来反映企业的增长限制。企业通过增加净利润、提高留存收益可以增加其可靠的资金来源，企业加快资金周转能够增加其资金的相对规模。从财务可持续增长模型还可以看出，企业在保证债务偿还安全的前提下，增加债务数额（即提高权益乘数）可以推动企业财务的增长。财务可持续增长模型正是考虑到了当企业实际增长率与可持续增长率不一致时所带来的财务问题，将留存收益和新增债务作为支持销售增长的资金来源。按照财务可持续增长的融资理念，对于企业的内源融资所不能弥补的企业增长引起的资金缺口，企业需要依靠增加债务资金来弥补。

企业外源融资中所提倡的"债务优先"的理念具有非常重要的意义。这一理念与梅耶斯的优序融资理论相吻合：在企业外源融资中，债务融资优于股票融资，在内源融资不能满足企业发展需要的情况下，应该优先考虑债务融资，最后才考虑发行股票。这一理念同样也与企业融资理论中的信号传递理论相吻合：由于存在着信息不对称，投资者通常根据企业的融资决策来判断企业的经营状况，往往把高负债看作是企业高质量的信号，高负债预示着企业经营状况良好，然而，发行股票却向外界传递了企业经营状况不好的信号，这种信号的存在导致企业尽量少用股权融资，因而企业高速增长的资金缺口自然要利用负债融资来补充。

通过增加负债融资提高财务杠杆，除了可以避税、向市场发出积极信号以外，还可以对农业上市公司管理者产生激励作用。负债融资对企业具有较强的契约约束力，债权人既可以通过对企业资金使用提出限制来约束企业的管理者，还可以通过债务到期还本付息的约束来促使企业改善其经营行为，有效降低代理成本。可见，负债融资能够极大地激励企业有效利用这部分资金，从而提高企业的资金使用效率。通过前面的实证分析我们也知道股权融资虽然可为农业上市公司增长提供资金支持，但是增加股权融资并不能显著提高农业上市公司营业收入增长率。所以，农业上市公司在外源融资中应该优先考虑债务融资。

8.2.4　保持财务可持续增长与风险控制相结合

财务可持续增长目标下所倡导的企业外源融资中"债务优先"的理念，并不是意味着农业上市公司可以无限制地扩大债务规模，这是因为债务规模的增加会加剧农业上市公司的财务风险，会降低农业上市公司的再融资能力，进而会影响农业上市公司财务增长的持续性。农业上市公司在优化融资结构过程中不仅要考虑降低资金成本，提高财务资源的利用效率，还要将财务风险限定在农业上市公司可以承受的范围之内。为了实现财务可持续增长，农业上市公司在增加债务规模的时候，还要考虑企业对财务风险的承受能力，企业对财务风险的承受能力也是制约财务可持续增长的重要因素。

农业上市公司在进行债务融资的时候需要考虑以下两个方面：第一，农业上市公司要根据自身需要来进行债务融资，举债数额不能超过其资金需求。第二，农业上市公司要适度负债，要以自身的风险承受能力为限进行债务融资，不然农业上市公司就得降低增长率以保证其持续性。只有将债务融资维持在较为合理的区间范围内，才能有利于农业上市公司实现可持续发展。

农业上市公司保持负债额度与股权资本规模相适应是控制其财务风险的重要途径，这是因为股东权益是农业上市公司最直接的偿债保障，负债虽然具有财务杠杆作用，但是这种财务杠杆作用并不能够决定农业上市公司的资金利用效率，只能放大或缩小资金利用效率，所以企业利用负债财务杠杆作用的同时还应有效规避财务风险。农业上市公司还应该合理安排负债结构，有效搭配长短期负债的规模与比例，这也是控制财务风险的有效途径。农业上市公司应将保持财务可持续增长与风险控制相结合来实现企业融资结构的优化。

8.2.5　合理安排流动负债和非流动负债的比例

农业上市公司的债务融资包括流动负债和非流动负债，通过前面的实证分析已经发现，农业上市公司流动负债融资率远超过非流动负债融资率，债务融资是以流动负债为主，非流动负债所占比重较小。流动负债比例越高，说明企业短期内需要偿还的债务就越多，企业短期偿债压力越大，企业承担的财务风险越高，一旦企业资金不足以偿债，就可能出现企业面临财务困境甚至破产倒闭的情况。较高的流动负债比例使得农业上市公司的债务资金流动性较大，流动性的增大使得公司资金链不确定因素增加，不利于公司持续稳定发展。由于非流动负债融资的偿还期较长，企业可以在较长时间内使用这部分资金，短期偿债压力较小，不会导致公司资金不稳定，通过非流动负债融资既能使企业获得财务增长所需资金，又不必面临很高的流动性风险。

通过前面的实证分析已经发现，超高增长组流动负债融资率和非流动负债融资率总体都在上升，债务融资率的提高以流动负债融资率上升为主，超高增长农业上市公司流动负债融资率和非流动负债融资率的提高都有利于促进营业收入的增长，而且非流动负债融资率的促进作用更大。所以，超高增长农业上市公司在其融资中应合理利用企业的可担保资产，提高其长期债务融资能力，应合理控制流动负债的比例，适度提高非流动负债的比例，使流动负债和非流动负债维持合理的比率关系，只有这样才有利于公司实现财务可持续增长，才能使公司持续稳定地发展下去。

对于超低增长农业上市公司来说，其实现增长往往不需要补充资金，其流动负债融资率和非流动负债融资率的增加对其营业收入增长的影响都不显著，但超低增长农业上市公司仍应合理安排流动负债和非流动负债的比例，有效利用流动负债和非流动负债。超低增长农业上市公司应根据未来的战略发展规划确定债务融资结构：如果企业计划未来进行大规模投资时，应该提高非流动负债的比例；如果企业计划专注于日常经营活动，减少对外投资规模时，则应该提高流动负债的比例。

8.2.6 形成适度集中的股权结构

公司股权结构会影响公司治理机制，进而影响公司的管理决策，进一步影响公司的财务增长和企业价值的实现，公司股权集中程度与公司实现财务可持续增长有着密切的关系。在公司股权高度分散时，单个股东的影响力有限，参与公司治理的成本和收益严重不对称，没有足够的动力投入大量的资源和时间去对管理层的行为进行监督和激励，企业的经营者可能会为了短期利益而放弃更好的长期投资机会，从而导致企业经营管理效率低下，这将影响公司长远发展，所以高度分散的股权结构不利于公司经营，不利于提升企业价值，不利于实现财务可持续增长。适度提高公司股权集中度，促进多元化股权持有的形成，形成适度集中的股权结构，建立完善的监督管理和激励机制，有利于加强对公司管理层的激励和监督，使他们为增加股东财富和企业价值而努力工作，有利于提高公司治理效率，有利于提升企业价值，有利于实现公司财务可持续增长。如果公司股权高度集中，可能会引发监督动力不足的问题，容易造成"内部人控制"现象，不利于企业不同利益相关者的力量平衡，容易导致大股东侵害小股东利益，容易抑制中小投资者利益追求的实现，股权制衡结构难以形成，公司治理效率较低，不利于实现公司财务可持续增长，不利于促进公司长远发展。因此，公司股权过度集中或是过度分散都不利于其实现财务可持续增长，只有保持适度集中的股权结构才有利于公司实现财务可持续增长。

为实现财务可持续增长的融资结构优化过程，是企业既定融资结构不断被打破和确立企业目标融资结构的过程，以财务可持续增长为目标的融资结构优化过程中应当遵循"内源融资—债务融资—股权融资"的融资顺序。不管是超高增长还是超低增长的农业上市公司，都应该合理选择融资方式，适时调整融资结构，其融资的指导思想应当是先内后外地融通资金，即首先选择内源融资，在内源融资不能满足需要的情况下，再考虑负债融资，最后考虑外部股权融资，这样才能使农业上市公司财务增长和财务资源相协调。农业上市公司为了实现财务可持续增长，在融资结构优化过程中，要提高资金利用效率、改善资产盈利水平以获取充足的内源资金，要有效利用财务杠杆适度举债，要合理安排流动负债和非流动负债的比例，将保持财务可持续增长与风险控制相结合，还应形成适度集中的股权结构。

8.3 今后的研究方向

将企业财务可持续增长问题与融资结构问题结合起来进行研究是个极具挑战性和富有新意的课题，有很多问题值得我们去研究，本书在研究中尚存在一些不足之处，还有待于进一步改进和完善，未来的研究可以更好地借鉴国外的研究成果，充分搜集财务数据，更多地采用实证研究的方法，从不同视角系统深入地研究财务可持续增长与融资结构的关系。今后的研究方向可以考虑从以下几个方面进行。

（1）本书以罗伯特·希金斯的财务可持续增长模型作为实证研究的理论基础，运用罗伯特·希金斯的财务可持续增长模型计算样本公司的可持续增长率，主要考虑到该模型的简易计算方便实证部分的研究，尽管这一模型曾被许多大型公司广泛使用，被很多学者作为实证研究的理论基础，但该模型的假设条件过于理想，使得该模型的运用具有一定的局限性。学术界还需不断充实和完善财务可持续增长理论，不断修正财务可持续增长模型，只有科学合理的理论模型才能更好地为研究企业财务可持续增长问题奠定基础，未来的研究仍需加强对财务可持续增长模型的考察，选取更加科学合理的财务可持续增长模型作为理论基础。

（2）由于所选样本公司按照农业、林业、畜牧业、渔业和农林牧渔服务业子行业进行分类后，样本数量偏少，不具备研究的代表性，所以本书所选样本公司没有按子行业进一步分类研究，这会对研究结果产生一定的影响。未来的研究可以更加充分搜集相关财务数据，并结合我国实际分行业来对财务可持续增长与融资结构之间的关系进行实证研究，揭示不同行业财务可持续增长与融资结构之间的内在联系，为不同行业的企业优化融资结构、实现财务可持续增长提供依据。未来的研究还可以进一步拓展研究对象，对主板、中小板、创业板、新三板等多层次资本市场的企业财务可持续增长与融资结构之间的关系进行实证研究。

（3）采用多元回归分析的方法对不同融资方式与财务增长之间的关系进行研究时，建立的回归模型中自变量的选取上可以进一步考虑更多的因素，进一步考虑债务融资的来源，以商业信用融资率增量、短期借款融资率增量、长期借款融资率增量、债券融资率增量等指标作为自变量，进一步考虑股权结构因素，以股权集中度指标作为自变量。对于融资结构与财务可持续增长关系的研究，可以进一步考虑行业特征、市场环境、生命周期等因素对两者关系的影响，可以拓展研究视角从多角度展开研究，并形成一个完整的体系，以便更加深入地了解两者的内在联系，以期从理论上更加完善和有说服力，增强其现实指导意义。

参考文献

［1］敖诗文，强殿英．可持续增长财务管理模型及修正［J］．天津商学院学报，2004（5）：35 – 39.

［2］曹裕，陈晓红，万光羽．基于企业生命周期的上市公司融资结构研究［J］．中国管理科学，2009（3）：150 – 158.

［3］陈锦帆，王静蓉．可持续增长模型（SGM）介绍及其基于重置投资分析的修正［J］．贵州财经学院学报，1999（Z1）：51 – 55.

［4］陈文浩，朱吉琪．增发新股对公司可持续增长力的影响分析［J］．上海财经大学学报，2004（6）：39 – 45.

［5］陈建．农业上市公司财务可持续增长能力研究［D］．湖南农业大学，2013.

［6］陈建．基于财务可持续增长和 EVA 理念的融资结构优化研究［J］．现代商业，2009（11）：272 – 273.

［7］陈很荣，范晓虎，吴冲锋．西方现代企业融资理论述评［J］．财经问题研究，2000（8）：62 – 66.

［8］陈绮如．债务融资对企业可持续增长的影响——基于创业板上市公司的案例研究［D］．暨南大学，2014.

［9］程仲鸣，郝继陶．企业可持续增长率模型的改进［J］．统计与决策，2004（9）：138 – 139.

［10］樊行健，郭晓燊．企业可持续增长模型的重构研究及启示［J］．会计研究，2007（5）：39 – 45.

［11］高菁，潘婷，章丽群．中国医药制造业上市公司财务可持续增长及影响因素研究［J］．上海对外经贸大学学报，2018（2）：30 – 39.

［12］高丹．中小企业的融资结构、研发投入与可持续增长相关性研究——以中小板和创业板上市公司为例［D］．江苏科技大学，2017.

［13］宫舸．基于财务可持续增长的上市公司融资策略研究——以房地

产公司为例［D］. 东北石油大学, 2013.

［14］顾兰兰, 刘桂英. 可持续增长模型假设条件之修正［J］. 财会月刊, 2010（6）：50-51.

［15］郭泽光, 郭冰. 企业增长财务问题探讨——股票发行、企业负债与企业增长的关联分析［J］. 会计研究, 2002（7）：11-15.

［16］郝晓雁. 融资约束对企业可持续增长的影响研究［J］. 学术论坛, 2013（11）：70-73.

［17］韩俊华, 干胜道. 企业可持续增长模型的重构与应用［J］. 华东经济管理, 2013（1）：165-169.

［18］贺伊琦. 所得税对中国上市公司资本结构的影响研究［D］. 东北财经大学, 2009.

［19］黄蕊, 刘桂英. 考虑财务杠杆效应的企业可持续增长模型的构建［J］. 财会月刊, 2009（18）：49-51.

［20］黄少安, 张岗. 中国上市公司股权融资偏好分析［J］. 经济研究, 2001（11）：12-20.

［21］胡星辉. 我国农业上市公司股权结构与绩效的分析［J］. 财政监督, 2012（5）：30-33.

［22］蒋红芸, 刘琼, 田凤霞. 基于财务视角的广西上市公司可持续增长实证研究［J］. 会计之友, 2013（7）：81-84.

［23］蒋尧明, 章丽萍. 中小企业高层管理者特征与企业可持续增长——基于管理防御理论的分析［J］. 经济评论, 2012（5）：69-76.

［24］荆新, 王化成, 刘俊彦. 财务管理学（第8版）［M］. 北京：中国人民大学出版社, 2018.

［25］李东东. 中小板上市公司融资结构对财务可持续增长影响的研究［D］. 安徽大学, 2016.

［26］李静. 管理层薪酬、股利政策与上市公司可持续增长的实证研究［D］. 重庆理工大学, 2017.

［27］李善民, 刘智. 上市公司资本结构影响因素述评［J］. 会计研究,

2003（8）：31－35.

[28] 李文汐. 基于可持续增长的 T 集团融资策略研究［D］. 沈阳工业大学，2018.

[29] 李心愉. 公司融资管理［M］. 北京：企业管理出版社，2018.

[30] 林钟高，徐虹，郑军. 可持续增长财务：理论框架与实现路径［J］. 天津商学院学报，2007（4）：35－44.

[31] 刘斌，黄永红，刘星. 中国上市公司可持续增长的实证分析［J］. 重庆大学学报（自然科学版），2002（9）：150－154.

[32] 刘斌，刘星，黄永红. 中国上市公司可持续增长的主因素分析［J］. 重庆大学学报（自然科学版），2003（12）：111－115.

[33] 陆正飞，辛宇. 上市公司资本结构主要影响因素之实证研究［J］. 会计研究，1998（8）：34－37.

[34]［美］罗伯特·C. 希金斯. 财务管理分析（第 10 版）［M］. 沈艺峰，等译. 北京：北京大学出版社，2015.

[35] 马儒慧. 企业社会责任、会计信息质量与企业可持续增长——来自中国制造业上市公司经验数据［D］. 华东理工大学，2018.

[36] 钱颖一. 企业的治理结构改革和融资结构改革［J］. 经济研究，1995（1）：20－29.

[37]［美］斯蒂芬·A. 罗斯，伦道夫·W. 威斯特菲尔德，杰弗利·F. 杰富，布拉德福德·D. 乔丹. 公司理财（原书第 11 版）［M］. 吴世农，沈艺峰，王志强，等译. 北京：机械工业出版社，2017.

[38] 苏利平，马肖驰. 企业财务可持续增长模型改进及实证应用［J］. 会计之友，2014（10）：41－45.

[39] 苏利平. 上市公司可持续增长影响因素指标体系构建及回归分析［J］. 商业时代，2013（18）：65－66.

[40] 孙玉霞，靳菁. 从传统到现代：融资结构理论的发展［J］. 财务与会计，2006（22）：76－77.

[41] 沈坤荣，张成. 中国企业的外源融资与企业成长——以上市公司

为案例的研究 [J]. 管理世界, 2003 (7): 120 - 126.

[42] 沈艺峰. 资本结构理论史 [M]. 北京: 经济科学出版社, 1999.

[43] 沈艺峰, 沈洪涛, 洪锡熙. 后资本结构理论的形成与发展——资本结构管理控制理论及其验证 [J]. 厦门大学学报 (哲学社会科学版), 2004 (1): 24 - 31.

[44] 谈儒勇. 外部融资与企业成长关系的实证研究 [J]. 证券市场导报, 2001 (2): 23 - 26.

[45] 汤谷良, 游尤. 可持续增长模型的比较分析与案例验证 [J]. 会计研究, 2005 (8): 50 - 55.

[46] 田中禾, 张华. SGR 视角下的企业融资结构优化研究 [J]. 科技管理研究, 2006 (1): 134 - 136.

[47] 王兰玲. 财务视角下的 A 公司可持续增长问题研究 [D]. 兰州财经大学, 2018.

[48] 王黎华, 韩俊华, 干胜道. 国外可持续增长模型分析、评价与重构 [J]. 统计与决策, 2015 (5): 78 - 80.

[49] 王丽娟, 梁晓娟. 基于可持续增长速度的企业融资效率研究 [J]. 会计之友, 2012 (16): 26 - 29.

[50] 王敏. 制度环境、资源配置对企业可持续增长的影响路径——基于伊利公司发展的案例研究 [D]. 内蒙古大学, 2017.

[51] 王亚星, 叶玲, 管亚梅. 基于因子分析的民营上市公司可持续增长研究 [J]. 财经理论与实践, 2012 (6): 61 - 65.

[52] 王玉荣. 我国上市公司融资结构决定因素的实证分析 [J]. 工业技术经济, 2005 (4): 125 - 129.

[53] 王玉春, 花贵如. 从财务视角审视上市公司可持续增长——来自信息技术上市公司的实证研究 [J]. 会计研究, 2007 (2): 65 - 71.

[54] 王姝, 宋丽敏. 企业创新融资结构理论与经验研究启示 [J]. 辽宁大学学报 (哲学社会科学版), 2017 (4): 42 - 48.

[55] 位华. 证券市场开放、公司治理与企业可持续增长 [M]. 北京:

经济科学出版社，2018.

［56］魏蒙．融资结构对企业绩效影响机理研究——基于创新投入的中介效应［D］．上海社会科学院，2017.

［57］魏哲海．管理者过度自信、资本结构与公司绩效［J］．工业技术经济，2018（6）：3 – 12.

［58］文学舟，关云素．江苏小微企业融资影响因素与内外部融资环境优化——基于177家小微企业的实证分析［J］．华东经济管理，2017，31（2）：19 – 26.

［59］武怀忠，王爱光．基于可持续增长的股权融资效率研究［J］．会计之友，2009（3）：100 – 103.

［60］肖翔．企业融资学（第3版）［M］．北京：北京交通大学出版社，2019.

［61］肖作平，廖理．终极控制股东、法律环境与融资结构选择［J］．管理科学学报，2012（9）：84 – 96.

［62］［美］小约翰·L．科利，等．公司战略［M］．吴晓波，译．北京：中国财政经济出版社，2003.

［63］熊豪文．基于价值创造与可持续增长的房地产企业融资策略选择探讨——以保利地产为例［D］．江西财经大学，2016.

［64］徐雁南．基于财务视角的互联网企业可持续增长及影响因素研究［D］．长安大学，2018.

［65］杨汉明，邓启稳．国有企业社会责任与业绩研究——基于可持续增长视角［J］．中南财经政法大学学报，2011（1）：120 – 127.

［66］杨汉明，陈国英，颜子．投资不足对企业可持续增长影响的实证分析［J］．统计与决策，2019（11）：167 – 170.

［67］油晓峰，王志芳．财务可持续增长模型及其应用［J］．会计研究，2003（6）：48 – 50.

［68］于永阔．证券公司财务可持续增长影响因素研究［J］．财经问题研究，2015（1）：88 – 95.

［69］［美］詹姆斯·C. 范霍恩，小约翰·M. 瓦霍维奇. 财务管理基础（第 13 版）［M］. 刘曙光，等译. 北京：清华大学出版社，2010.

［70］曾亚敏，张俊生. 地方保护、市场分割与上市企业可持续增长［J］. 证券市场导报，2009（2）：48 – 53.

［71］章丽萍. 融资视角下企业社会资本与可持续增长研究［M］. 北京：北京邮电大学出版社，2016.

［72］张维迎，吴有昌. 公司融资结构的契约理论：一个综述［J］. 改革，1995（4）：109 – 116.

［73］张学洪，章仁俊. 契约框架下现代企业的融资结构理论研究综述［J］. 统计与决策，2010（13）：185 – 188.

［74］周国强，王璐瑶. 超可持续增长与财务绩效的交互跨期影响研究［J］. 武汉理工大学学报（信息与管理工程版），2018（6）：679 – 683.

［75］周晓光，官玥，黄晓霞. 文化创意产业债务融资结构的影响因素研究——基于 2012 ~ 2016 年上市公司的面板数据［J］. 运筹与管理，2018（12）：125 – 132.

［76］钟田丽，马娜，胡彦斌. 企业创新投入要素与融资结构选择——基于创业板上市公司的实证检验［J］. 会计研究，2014（4）：66 – 73.

［77］朱开悉. 上市公司可持续增长模型分析［J］. 技术经济与管理研究，2001（5）：60 – 61.

［78］Abdul Rashid. Risks and Financing Decisions in the Energy Sector：An Empirical Investigation Using Firm-level Data［J］. Energy Policy，2013，59：792 – 799.

［79］Alan G. Robinson，Sam Stern. Corporate Creativity：How Innovation and Improvement Actually Happen［M］. Oakland：Berrett-Koehler Publishers，1997.

［80］Alex Coad. Testing the Principle of "Growth of the Fitter"：The Relationship between Profits and Firm Growth［J］. Structural Change and Economic Dynamics，2007，18（3）：370 – 386.

［81］Alfred Rappaport. Creating Shareholder Value［M］. New York：Free

Press, 1980: 135 – 147.

[82] Arie de Geus. The Living Company [J]. Harvard Business Review, 1997, 75 (2): 51 – 59.

[83] Arie de Geus. The Living Company: Habits for Survival in a Turbulent Business Environment [M]. Boston: Harvard Business School Press, 2002.

[84] Asli Demirgüç-Kunt, Vojislav Maksimovic. Law, Finance and Firm Growth [J]. The Journal of Finance, 1998, 53 (6): 2107 – 2137.

[85] Bruce R. Barringer, Foard F. Jones, Donald O. Neubaum. A Quantitative Content Analysis of the Characteristics of Rapid-Growth Firms and Their Founders [J]. Journal of Business Venturing, 2005, 20 (5): 663 – 687.

[86] Byoungho Lee, Hwang Hee Cho, Juneseuk Shin. The Relationship between Inbound Open Innovation Patents and Financial Performance: Evidence from Global Information Technology Companies [J]. Asian Journal of Technology Innovation, 2015, 23 (3): 289 – 303.

[87] C. K. Prahalad, Gary Hamel. The Core Competence of the Corporation [J]. Harvard Business Review, 1990, 68 (3): 79 – 91.

[88] Daniel P. Klein, Brian Belt. Sustainable Growth and Choice of Financing: A Test of the Pecking Order Hypothesis [J]. Review of Financial Economics, 1993, 3 (1): 141 – 154.

[89] David W. Pearce, R. Kerry Turner. Economics of Natural Resources and the Environment [M]. Baltimore: The Johns Hopkins University Press, 1989.

[90] David J. Storey. Understanding the Small Business Sector [M]. London: Routledge, 1994.

[91] Dimitris Margaritis, Maria Psillaki. Capital Structure, Equity Ownership and Firm Performance [J]. Journal of Banking and Finance, 2010, 34 (3): 621 – 632.

[92] Edith Penrose. The Theory of the Growth of the Firm [M]. Oxford: Oxford University Press, 1959.

［93］ Franco Modigliani, Merton H. Miller. The Cost of Capital, Corporation Finance and the Theory of Investment ［J］. American Economic Review, 1958, 48 (3): 261 –297.

［94］ Franco Modigliani, Merton H. Miller. Corporate Income Taxes and the Cost of Capital: A Correction ［J］. American Economic Review, 1963, 53 (3): 433 –443.

［95］ Frédéric Delmar, Per Davidsson, William B. Gartner. Arriving at the High-growth Firm ［J］. Journal of Business Venturing, 2003, 18 (2): 189 – 216.

［96］ G. Bennett Stewart. EVA: Fact and Fantasy ［J］. Journal of Applied Corporate Finance, 1994, 7 (2): 71 –84.

［97］ Gerard Caprio, Asli Demirgüç-Kunt. The Role of Long-Term Finance: Theory and Evidence ［J］. The World Bank Research Observer, 1998, 13 (2): 171 –189.

［98］ James C. Van Horne. Sustainable Growth Modeling ［J］. Journal of Corporate Finance, 1988, (1): 19 –25.

［99］ Jayasri Dutta, Sandeep Kapur. Liquidity Preference and Financial Intermediation ［J］. The Review of Economic Studies, 1998, 65 (3): 551 –572.

［100］ Jian Chen, Roger Strange. The Determinants of Capital Structure: Evidence from Chinese Listed Companies ［J］. Economic Change and Restructuring, 2006, 38 (1): 11 –35.

［101］ Kinga Mazur. The Determinants of Capital Structure Choice: Evidence from Polish Companies ［J］. International Advances in Economic Research, 2007, 13 (4): 495 –514.

［102］ Laurence Booth, Varouj Aivazian, Asli Demirguc-Kunt, Vojislav Maksimovic. Capital Structures in Developing Countries ［J］. The Journal of Finance, 2001, 56 (1): 87 –130.

［103］ Michael Hay, Kimya Kamshad. Small Firm Growth: Intentions, Implementation and Impediments [J]. Business Strategy Review, 1994, 5 (3): 49 – 68.

[104] Milton Harris, Artur Raviv. The Theory of Capital Structure [J]. The Journal of Finance, 1991, 46 (1): 297 – 355.

[105] Mitsuru Katagiri. A Macroeconomic Approach to Corporate Capital Structure [J]. Journal of Monetary Economics, 2014, 66 (3): 79 – 94.

[106] Mohammad Alipour, Mir Farhad Seddigh Mohammadi, Hojjatollah Derakhshan. Determinants of Capital Structure: An Empirical Study of Firms in Iran [J]. International Journal of Law and Management, 2015, 57 (1): 53 – 83.

[107] Mohammad M. Rahaman. Access to Financing and Firm Growth [J]. Journal of Banking and Finance, 2011, 35 (3): 709 – 723.

[108] Murray Z. Frank, Vidhan K. Goyal. Testing the Pecking Order Theory of Capital Structure [J]. Journal of Financial Economics, 2003, 67 (2): 217 – 248.

[109] Murray Z. Frank, Vidhan K. Goyal. Capital Structure Decisions: Which Factors Are Reliably Important? [J]. Financial Management, 2009, 38 (1): 1 – 37.

[110] Panayiotis P. Athanasoglou, Ioannis Asimakopoulos, Konstantinos Siriopoulos P. External Financing, Growth and Capital Structure of the Firms Listed on the Athens Exchange [J]. Economic Bulletin, 2006 (6): 59 – 77.

[111] Peter C. Eisemann. Another Look at Sustainable Growth [J]. The Journal of Commercial Bank Lending, 1984, 67 (2): 47 – 51.

[112] Pratima Bansal. Evolving Sustainably: A Longitudinal Study of Corporate Sustainable Development [J]. Strategic Management Journal, 2005, 26 (3): 197 – 218.

[113] Raghuram G. Rajan, Luigi Zingales. What Do We Know about Capital Structure? Some Evidence from International Data [J]. The Journal of Finance, 1995, 50 (5): 1421 – 1460.

[114] Raymond Fisman, Jakob Svensson. Are Corruption and Taxation Really Harmful to Growth? Firm Level Evidence [J]. Journal of Development Economics, 2007, 83 (1): 63 – 75.

[115] Robert C. Higgins. Sustainable Growth under Inflation [J]. Financial Management, 1981, 10 (4): 36 – 40.

[116] Robin Marris. The Economic Theory of "Managerial" Capitalism [M]. New York: Free Press, 1964.

[117] Rodrigo Zeidan, Claudio Boechat, Angela Fleury. Developing a Sustainability Credit Score System [J]. Journal of Business Ethics, 2015, 127 (2): 283 – 296.

[118] Romat Saragih, Grisna Anggadwita. Strategy Competitive for Creating Sustainable Growth in Software Development in Indonesia: A Conceptual Model [J]. Procedia-Social and Behavioral Sciences, 2016, 219 (5): 668 – 675.

[119] Sabina Žampa, Štefan Bojnec. The Impact of Subsidies on Production Innovation and Sustainable Growth [J]. Management and Production Engineering Review, 2017, 8 (4): 54 – 63.

[120] Sandra Kramer, Gary John Previts. Ivar Kreuger and IMCO: A Case of Taxation of Fictitious Income [J]. International Journal of Accounting, 2015, 50 (3): 300 – 315.

[121] Santanu K. Ganguli. Capital Structure: Does Ownership Structure Matter? Theory and Indian Evidence [J]. Studies in Economics and Finance, 2013, 30 (1): 56 – 72.

[122] Stephen A. Ross. The Determination of Financial Structure: The Incentive-Signalling Approach [J]. The Bell Journal of Economics, 1977, 8 (1) : 23 – 40.

[123] Stewart C. Myers, Nicholas S. Majluf. Corporate Financing and Investment Decisions When Firms Have Information That Investors Do Not Have [J]. Journal of Financial Economics, 1984, 20 (2): 293 – 315.

［124］Tom R. Vanacker, Sophie Manigart. Pecking Order and Debt Capacity Considerations for High-Growth Companies Seeking Financing ［J］. Small Business Economics, 2010, 35 (1): 53 −69.

［125］Viet Anh Dang, Minjoo Kim, Yongcheol Shin. Asymmetric Adjustment Toward Optimal Capital Structure: Evidence from a Crisis ［J］. International Review of Financial Analysis, 2014, 33: 226 −242.

［126］Vivek Mande, Young K. Park, Myungsoo Son. Equity or Debt Financing: Does Good Corporate Governance Matter? ［J］. Corporate Governance: An International Review, 2012, 20 (2): 195 −211.

［127］Yung-Lung Lai, Feng-Jyh Lin, Yi-Hsin Lin. Factors Affecting Firm's R&D Investment Decisions ［J］. Journal of Business Research, 2015, 68 (4): 840 −844.